Auf ins Vergnügen

002si Abb.: rk

Bevor man sich in Singapur auf Entdeckungsreise begibt, sollte man zunächst einmal alle Vorurteile vergessen, die man über dieses kleine Land gehört haben mag – Singapur hat sich zu einer betörend-schönen, kosmopolitischen und vorwärtsstrebenden Weltstadt entwickelt, die in mancher Hinsicht Vorbild für andere Länder sein kann. Besucher werden eine Stadt erleben, in der das Alte, die Tradition, gehegt und gepflegt werden, in der man gleichzeitig aber auch jede technische Neuerung, die das Leben angenehmer machen oder Umfeld und Umwelt verbessern könnte, beherzt aufgreift. Die Gegensätze, die Singapur präsentiert, sind verblüffend. Einerseits hält man an alten Bräuchen fest und an Schreinen werden den Ahnen oder hungrigen Geistern Opfergaben dargebracht; zur gleichen Zeit arbeiten Wissenschaftler daran, dem Meer mehr Trinkwasser abzugewinnen oder futuristische Vorstädte zu schaffen. Die funktionellen Wohnsiedlungen sind von dichten Grüngürteln umgeben und am Fuße der stahlblinkenden Bürowolkenkratzer stehen liebevoll restaurierte Häuser aus der Gründerzeit Singapurs, schöner als je zuvor. Singapur lässt staunen.

Diese faszinierende Mischung aus Alt und Neu, die in der wunderbaren Architektur Singapurs ihren sichtbarsten Ausdruck findet, zieht sich überall durch die Stadt. Abends kann man sich hemmungslos ins Nachtleben stürzen, ein Nachtleben, das so ganz anders ist, als es das weitverbreitete Image Singapurs weismachen will. Es gibt einige Dutzend Bars und Klubs, die an keine Sperrstunde gebunden sind. Zum Speisen locken Tausende von schicken Restaurants, urige kleine Ecklokale oder die bodenständi-

EXTRATIPP

Stadtplan gut, Street Directory besser!

Ein Stadtplan leistet bei den Erkundungen sicher gute Hilfe. Stadtpläne in mehr oder weniger guter Qualität kann man sogar kostenlos bei der Ankunft im Changi Airport mitnehmen. Am besten ist jedoch der *Street Directory*, ein detaillierter Straßenatlas in Buchform (Mighty Minds Publishers, www.mightyminds.com.sg). Man bekommt ihn für ein paar Euro in allen Buchläden, und zwar in drei verschiedenen Formaten: klein, mittel und groß. Ganz sicher fündig wird man im Buchladen Kinokuniya im Takashimaya Shopping Ctr. an der 391 Orchard Rd. (s. S. 28). Hinten in dem nützlichen kleinen Buch steckt eine CD-ROM, mit der man die Karten und Daten auch auf dem Laptop abrufen kann.

gen Hawker Centres (eine Art überdachte Straßenmärkte und -stände). Dazu gibt es zahlreiche Sehenswürdigkeiten, die einen neuen Maßstab gesetzt haben, so wie z. B. der Zoo **31** mit der Nachtsafari oder der Jurong Bird Park **42**. Heutzutage gibt es so viel zu sehen, zu essen, zu probieren, zu erleben, zu unternehmen in Singapur, dass man gern zwei oder drei Wochen dort verbringen könnte, ohne sich zu langweilen.

⊳ *Bunte Beschützertruppe: Die Türme der tamilischen Tempel (s. S. 84) sind mit Götterfiguren verziert*

⊲ *Vorseite: Baden auf 200 m Höhe im SkyPark* **10**

CITY|TRIP
SINGAPUR

Nicht verpassen!

8 Botanischer Garten [bi]
Ein Stück wunderbarer, gepflegter Natur inmitten der Innenstadt, eine grüne Oase mit zahllosen Pflanzenarten, ein perfekter Ort für einen Spaziergang im Grünen oder um einfach unter Palmen zu sitzen (s. S. 72).

10 SkyPark [G7]
Vom 200 m hoch gelegenen Dach des Marina Bay Sands Hotels bietet sich der ultimative Ausblick auf diese so faszinierende Stadt (s. S. 74).

14 Temple of the Sacred Tooth Relic [D7]
Singapurs opulentester Tempel, ein architektonisches Meisterstück, das mit Tausenden von kleinen Buddhafiguren geschmückt ist und im Obergeschoss mit einer ganz besonderen – und sehr wertvollen – Überraschung aufwartet (s. S. 78).

31 Zoo und Night Safari
Oft kopiert, selten erreicht: Singapurs Zoo und Nachtsafari-Park sind legendär, besser kann man Tiere in ihrer (beinahe) natürlichen Umgebung kaum beobachten (s. S. 88).

42 Jurong Bird Park
8000 Vögel aus 600 Spezies, hautnah und so natürlich wie möglich präsentiert, unterhaltsam und lehrreich zugleich, ein perfekter Ort für Familien mit Kindern (s. S. 94).

Chinatown [D6]
Das alte kommerzielle Herz der Stadt präsentiert sich betörend hübsch restauriert, die in zarten Pastellfarben gestrichenen Häuserzeilen scheinen sich an Farbigkeit übertreffen zu wollen (s. S. 78).

Little India [F1]
In den Gassen des Viertels, flankiert von zahllosen indischen Restaurants und Tempeln und umgeben vom Duft der Gewürze, fühlt man sich nach Indien versetzt (s. S. 83).

Kampong Glam [G2/3]
Das alte malaiische Viertel um die prachtvolle Sultan-Moschee, ebenfalls bezaubernd schön restauriert und mit vielen kleinen Cafés zum Entspannen (s. S. 85).

Sentosa [cm]
Diese Ausflugsinsel bietet jedem etwas: Man kann einen Dschungel durchwandern, singapurische Geschichte erfahren, sich in einem Filmpark amüsieren, in einem Kasino reich werden oder an einem der drei malerischen Strände faulenzen (s. S. 96).

Leichte Orientierung mit dem cleveren Nummernsystem
Die Sehenswürdigkeiten der Stadt sind zum schnellen Auffinden mit fortlaufenden Nummern versehen. Diese verweisen auf die ausführliche Beschreibung im Kapitel „Singapur entdecken" und zeigen auch die genaue Lage im Stadtplan.

Inhalt

◁ *Bei so vielen Opfergaben muss
man sich ja freuen: Buddhafigur
in einem Tempel in Katong*

Exkurse zwischendurch

Benutzungshinweise

Orientierungssystem

Eine **Liste der im Buch beschriebenen Örtlichkeiten** wie Sehenswürdigkeiten, Restaurants, Hotels, Cafés, Infostellen befindet sich auf S. 141.

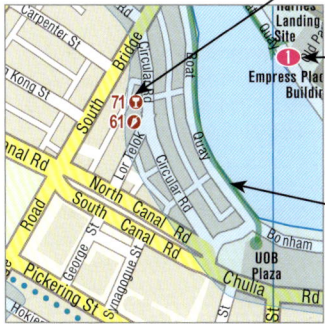

Abkürzungen

Ave.	Avenue
CBD	Central Business District
Ctr.	Centre
HDB	Housing Development Board (die staatliche Wohnungsbaubehörde)
GST	Goods and Services Tax (Mehrwertsteuer)
Jln.	Jalan (Straße)
LRT	Light Rapid Transit (eine Art Nebenbahn der MRT, nur in Vororten)
MRT	Mass Rapid Transport (das städtische Bahnnetz, in den Innenbezirken unterirdisch)
Rd.	Road (Straße)
Sq.	Square (Platz)
S$	Singapur-Dollar

Vorwahlen

> **Singapur:** 0065
> **Deutschland:** 001 49
> **Österreich:** 001 43
> **Schweiz:** 001 41

Zur schnelleren Orientierung tragen alle Hauptsehenswürdigkeiten und Lokalitäten sowohl im Text als auch im Kartenmaterial die gleiche Nummer:

71 Mit Symbol und fortlaufender Nummer werden die sonstigen Lokalitäten wie Cafés, Geschäfte, Hotels, Infostellen usw. gekennzeichnet.

1 Mit einer fortlaufenden magentafarbenen Nummer sind die Hauptsehenswürdigkeiten gekennzeichnet. Steht die Nummer im Fließtext, verweist sie auf die Beschreibung dieser Sehenswürdigkeit im Kapitel „Singapur entdecken".

> Die farbige Linie markiert den Verlauf des Stadtspaziergangs (s. S. 23).

[E6] In eckigen Klammern steht das Planquadrat im Kartenmaterial, in diesem Beispiel Planquadrat E6.

Ortsmarken ohne Angabe des Planquadrats liegen außerhalb unserer Karten. Sie können aber wie alle Örtlichkeiten in unseren speziellen Luftbildkarten auf der Produktseite dieses Buches unter www.reise-know-how.de oder direkt unter http://ct-singapur14.reise-know-how.de lokalisiert werden.

Adressangaben

Ein Adresshinweis wie z. B. „01–31 Tanglin Shopping Centre" bedeutet, dass sich die gesuchte Lokalität im Geschäft Nummer 31 im 1. Stock des Tanglin-Shopping-Centre-Hochhauses befindet. In Singapur steht im Allgemeinen ein # vor der Nummer.

Bewertung der Sehenswürdigkeiten

★ ★ ★	auf keinen Fall verpassen
★ ★	besonders sehenswert
★	wichtige Sehenswürdigkeit für speziell interessierte Besucher

Impressum

Rainer Krack

CityTrip Singapur

erschienen im
REISE KNOW-HOW Verlag Peter Rump GmbH,
Osnabrücker Str. 79, 33649 Bielefeld

© REISE KNOW-HOW Verlag
    Peter Rump GmbH 2011, 2012, 2013
**4., neu bearbeitete und komplett
    aktualisierte Auflage 2014**
Alle Rechte vorbehalten.

ISBN 978-3-8317-2501-4
PRINTED IN GERMANY

Dieses Buch ist erhältlich in jeder Buch-
handlung Deutschlands, der Schweiz,
Österreichs, Belgiens und der Niederlande.
Bitte informieren Sie Ihren Buchhändler
über folgende Bezugsadressen:
    Deutschland: Prolit GmbH, Postfach 9,
    D-35461 Fernwald (Annerod)
    sowie alle Barsortimente
    Schweiz: AVA Verlagsauslieferung AG,
    Postfach 27, CH-8910 Affoltern
    Österreich: Mohr Morawa Buchvertrieb
    GmbH, Sulzengasse 2, A-1230 Wien
    Niederlande, Belgien: Willems
    Adventure, www.willemsadventure.nl
Wer im Buchhandel kein Glück hat,
bekommt unsere Bücher auch über
unseren Büchershop im Internet:
www.reise-know-how.de

Herausgeber: Klaus Werner
Lektorat und Layout:
    amundo media GmbH
Karten: Ingenieurbüro B. Spachmüller,
    amundo media GmbH
Druck und Bindung: Media-Print, Paderborn
Fotos (inkl. Cover): Rainer Krack (rk, Autor)

Anzeigenvertrieb: KV Kommunalverlag
    GmbH & Co. KG, Alte Landstraße 23,
    85521 Ottobrunn, Tel. 089 928096-0,
    info@kommunal-verlag.de

Alle Informationen in diesem Buch sind
vom Autor mit größter Sorgfalt gesammelt
und vom Lektorat des Verlages gewissen-
haft bearbeitet und überprüft worden.
Da inhaltliche und sachliche Fehler nicht
ausgeschlossen werden können, erklärt
der Verlag, dass alle Angaben im Sinne
der Produkthaftung ohne Garantie erfolgen
und dass Verlag wie Autor keinerlei
Verantwortung und Haftung für inhaltliche
und sachliche Fehler übernehmen.
Die Nennung von Firmen und ihren
Produkten und ihre Reihenfolge sind als
Beispiel ohne Wertung gegenüber anderen
anzusehen. Qualitäts- und Quantitätsan-
gaben sind rein subjektive Einschätzungen
des Autors und dienen keinesfalls der
Bewerbung von Firmen oder Produkten.

Wir freuen uns über Kritik, Kommentare
und Verbesserungsvorschläge:
info@reise-know-how.de

Singapur im Intensivdurchgang

Little India, der indische Stadtteil am südlichen Ende der Serangoon Road, eignet sich gut als Ausgangspunkt für diese Tour. Mit dem MRT-Zug gelangt man zur Station **Little India** [E1]. Im 19. Jh., der Gründungszeit Singapurs, wurden die unterschiedlichen Volksgruppen in separaten Stadtteilen untergebracht. In den 1820er-Jahren baute der sogenannte „erste Inder" Singapurs, ein gewisser Narayana Pillai, der schon mit Stamford Raffles auf der Insel gelandet war, eine Ziegelei im Bereich des heutigen Little India. In der Umgebung siedelten sich nach und nach von der britischen Regierung ins Land geholte indische Arbeitskräfte an. Mit den Indern kam auch die Milchwirtschaft. Straßen wie die Buffalo Road oder Kerbau Road (*kerbau* = Malaiisch für „Büffel") erinnern noch heute daran. In Little India weht einem der Geruch indischer Gewürze entgegen, aus Geschäften dringt indische Filmmusik und zahlreiche Stände halten Blumengirlanden bereit, die gläubige Hindus als Opfergaben in die Tempel bringen. Little India ist der noch ursprünglichste alte Stadtteil Singapurs: Hier kann man sich direkt nach Indien versetzt fühlen – jedoch ein außergewöhnlich aufgeräumtes und geordnetes Indien.

Wenn man zur rechten Zeit kommt, so kann man am **Veerama Kaliam-** mam Temple **23** eine hinduistische Gebetszeremonie *(puja)* erleben, untermalt von südindischer Tempelmusik. Von hier geht es weiter nördlich zu einem weiteren Hindu-Tempel, dem **Srinivasa Perumal Temple 24**,

Abb.: rk / si 009

der beim ekstatischen Thaipusam-Fest (s. S. 20) eine tragende Rolle spielt. Nicht weit entfernt von hier liegt der **Temple of 1000 Lights** ㉕, ein buddhistischer Tempel mit einer 15 m hohen Buddha-Statue, die den Besuchern beim Betreten gleich in die Augen sieht.

Die Straßen von Little India sind gespickt mit unzähligen kleinen Restaurants und Geschäften mit Kleinkram, Kunstgegenständen, Kleidung und Kuriosa. Unbedingt lohnenswert ist es, einen Blick ins **Mustafa Centre** (s. S. 27) an der Syed Alwi Road zu werfen, Singapurs größtes Kaufhaus. Mittlerweile erstreckt es sich über zwei Straßenblocks. Begonnen hatte es als kleiner Kramladen, der von einem indischen Einwanderer namens Mohammed Mustafa gegründet worden war. Die Geschichte Mustafas, mittlerweile verstorben, ist eine der größten Erfolgsgeschichten Singapurs. Der am Ende seines Lebens steinreiche Mann blieb stets bescheiden. Oft konnte man ihn das Mustafa Centre inspizieren sehen, gekleidet in ein einfaches indisches Wickelgewand. Außer Alkohol und Tabak bekommt man im Mustafa Centre praktisch alles. Kaum zu glauben: Im 2. Stock, ganz am südlichen Ende des neuen Anbaus, werden hinduistische Ritualobjekte veräußert – darunter sind auch Flaschen mit „heiligem" Gangeswasser und kleine Fläschchen mit Kuh-Urin. Letzterer wird in einigen hinduistischen Riten verwendet und in kleinen Dosen auch getrunken. Dazu gibt es aromatische Öle von einer Firma namens „Hitler & Co." aus Indien. Bei Mustafa sind die engen Gänge so vollgestopft mit Waren, dass man kaum hindurch kommt. Das Mustafa Centre ist als einziges Kaufhaus in Singa-

pur 24 Std. geöffnet. Nur von 11 bis 1 Uhr geöffnet ist das im 7. Stock des neuen Anbaus befindliche Kebabs 'n' Curries Rooftop Restaurant, von dessen Glasdom aus man einen gute Aussicht auf den Stadtteil erhält. Nebenbei gibt es recht gute und preiswerte indische Küche, vor allem die Mittagsbuffets lohnen (ca. 7 €).

An dieser Stelle kann man nun einen Blick auf die andere Seite der Syed Alwi Road werfen, genauer gesagt, auf die winzige Gasse an der Rückseite der Häuser an der Südseite der Syed Alwi Road. Dies ist **Teil der berühmt-berüchtigten Desker Road** (kurz DR genannt), eine schmale Rotlichtgasse, ein bescheidener Hinterhof der Gelüste. Viele der sich hier anbietenden „Attraktionen" sind Transvestiten oder Transsexuelle, was aber viele der Kunden – vor allem Gastarbeiter aus Indien und Bangladesch – entweder nicht merken oder nicht weiter störend finden.

Über die nahe gelegene MRT-Station Farrer Park [di] gelangt man nun nach **Dhoby Ghaut** (über die Station Little India). Von hier aus kann man in westliche Richtung die Orchard Road entlanggehen, Singapurs berühmteste Einkaufsstraße. Dhoby Ghaut liegt an einem MRT-Knotenpunkt und ist die weitläufigste MRT-Station. Am besten folgt man den Schildern „Exit" und versucht, sich möglichst nicht in den endlosen Gängen und Hallen zu verlaufen.

Die **Orchard Road** ㉒ ist Singapurs Prachtallee, eine noble Einkaufsstraße, die beiderseits fast nahtlos von hochmodernen Shoppingcentern

▷ *Tiefrote Pracht: Der Temple of the Sacred Tooth Relic* ⑭ *ist eines der beeindruckensten Gebäude Singapurs*

flankiert wird. Augenscheinlichste Beispiele sind das massive, in konservativem Dunkelbraun gehaltene Takashimaya (s. S. 28) und das chromblitzende ION Orchard (s. S. 26) an der Ecke Paterson Road. Entlang der Orchard Road gibt es teure Designerware zuhauf – z. B. Louis Vuitton, Armani, Chanel – dazu preiswerte Kleidung in Kaufhäusern, Elektronikartikel u. v. m. In dieser Straße gibt es die höchsten Mietpreise von ganz Singapur, was natürlich auf die Preise umgelegt wird. Viele Waren – nicht alle – bekommt man preiswerter anderswo in der Stadt.

Von der Orchard Road kann zurück zur Station Dhoby Ghaut laufen bzw. mit der MRT dorthin gelangen (ab den Stationen Somerset oder Orchard in der Orchard Rd.). Außerdem fahren Dutzende von Bussen die Strecke entlang; die Orchard Road verläuft als Einbahnstraße von West nach Ost. Am besten fragt man den Fahrer, ob der Bus an Dhoby Ghaut hält, denn einige Linien zweigen vorher in Seitenstraßen ab.

Von Dhoby Ghaut geht es zwei Stationen weiter **nach Chinatown.** An der MRT-Station Chinatown [D6] steigt man aus und folgt den Schildern Richtung Ausgang zur Pagoda Street. Kaum der Rolltreppe entstiegen, befinden sich die Besucher im Herzen des so wunderschön restaurierten Chinatown. Die Pagoda Street ist eine reine Fußgängerstraße. Hier finden sich Restaurants, von denen aus man das Straßengeschehen beobachten kann, dazu zahlreiche Geschäfte. Darunter sind Souvenir-, Kuriosa- und Kleidungsläden, ein paar Fotogeschäfte (gar keine schlechten Preise, wenn man sich auskennt und dazu noch handelt!) und Schneiderläden. Am Ostende der Pagoda Street trifft man auf den hinduistischen **Sri Mariammam Temple** ⑮, nach dem die Straße benannt wurde.

Etwas weiter südlich an der South Bridge Road steht der in Rot gehaltene **Temple of the Sacred Tooth Relic** ⑭. Dies ist ein noch junger Tempel, aber auch gleich die wichtigste einzelne Sehenswürdigkeit in China-

Das gibt es nur in Singapur

> *HDB Flats* - Über 80 % aller Singapurer leben in Wohnungen der staatlichen Wohnungsbaubehörde HDB (Housing Development Board). Die Wohnungen sind leicht finanzierbar, Arbeitnehmer können sie in kleinen Raten aus den Pflichtabgaben für das Rentensystem (CPF = Central Provident Fund) bezahlen. (Siehe auch den Exkurs „Wohnungen für (fast) alle: HDB".)

> *Prügelstrafe* - Als einziges Land der „Ersten Welt" hat Singapur die Prügelstrafe („caning") für bestimmte Verbrechen wie z. B. Vergewaltigung (s. S. 63).

> *Vier Nationalsprachen* - Nirgendwo sonst auf der Welt gibt es vier gleichberechtigte Nationalsprachen - Englisch, Mandarin, Tamil und Malaiisch, die aber nicht von jedermann verstanden werden (s. S. 64).

> *Kaugummi ist verboten* - Verkauf und Einfuhr sind untersagt (bei ein paar Streifen, die ein Tourist in der Tasche hat, passiert allerdings nichts). Der Grund: Allzu oft hatte man die zähe Masse früher an Bus- oder MRT-Sitzen klebend gefunden. Ausgenommen vom Verbot ist Nikotin-Kaugummi, das in Singapur allerdings der Rezeptpflicht unterliegt.

town, eine architektonische Kostbarkeit. In den Gassen westlich des Tempels finden sich jede Menge Geschäfte und Restaurants. Bei „Heimathunger" kann man sich im hinter dem Tempel gelegenen K88 Coffee Shop an Erich's Wuerstelstand (s. S. 36) an **Bratwurst und Sauerkraut** laben. Als Alternative bietet sich das ausgedehnte **Food Center** im 2. Stock des Chinatown Complex Hawker Centre (s. S. 40) in der 335 Smith St. an. Das Ambiente ist bodenständig und unprätentiös, die Auswahl an preiswerten chinesischen Speisen riesig (11–21 Uhr).

In der Smith Street stärkt man sich mit einem chinesischen Kräutertrank (Westseite). Vor einigen **Kräuterläden** hängen goldfarbene Kessel, aus denen die mysteriösen Säfte gezapft werden, die das Leben verlängern sollen. Das bittere, schwarze *khu chaa* (auch *yaa-sei-mei*), ein Tonikum aus 29 verschiedenen Pflanzen und Wurzeln, ist einen Versuch wert. In diesem Teil von Chinatown gibt es

Souvenirs jeder Art, billige Kleidung, chinesische Götterstatuen, aber auch kuriosen Kleinkram wie Figuren von Mao Tse-tung.

Abends und am Wochenende verwandelt sich das **Ostende der Smith Street** in eine Open-Air-Essensmeile (Mo–Fr 18–24, Sa/So 11–24 Uhr, zurzeit wird die Straße renoviert und mit einem modernen Glasdach überdeckt; Neueröffnung voraussichtlich Frühjahr 2014). Diese sogenannte *Jalan Makanan Malam* (Malaiisch für „Abendessenstraße") wurde eingerichtet, nachdem alle Open-Air-Imbissstände von den Straßen verschwunden und in **Hawker Centres** (s. S. 40) untergebracht worden waren. Um etwas traditionelle Straßenkultur in die Stadt zurückzubringen – nicht zuletzt um der Touristen willen –, wurden danach wieder einige Straßenstände genehmigt.

Über die MRT-Station Chinatown fährt man nun zurück in Richtung Dhoby Ghaut, steigt aber schon an der ersten Station, an Clarke Quay [E5] aus. Wenn man über die Rolltreppe nach oben kommt, sind wahrscheinlich schon der Singapore River und vielleicht die Gerüste von **G-Max Reverse Bungee** (s. S. 69) zu sehen. Wem nach einem den Tag beschließenden Nervenkitzel zumute ist, der könnte sich in die Bungeegondel schnallen lassen und Singapur teilweise auf dem Kopf stehend erleben.

Einen ruhigeren Tagesausklang bietet ein Dinner in einem der Restaurants entlang des Flusses. Wer Rockmusik mag, geht vielleicht ins **Crazy Elephant** (s. S. 46), wo man der Hausband auch direkt vom Flussufer aus zuhören kann. Vom Clarke Quay gelangt man in Richtung Südosten am Fluss entlang in wenigen Minuten zu **Boat Quay** (s. S. 24), einem weiteren, sehr romantischen Flussabschnitt, gesäumt von Dutzenden von Lokalen – Flussromantik pur.

Wenn es jetzt noch nicht allzu spät ist – sagen wir 21 Uhr –, könnte man sich noch einen unvergesslichen Ausblick gönnen. Am besten fährt man mit dem Taxi zum **Marina Bay Sands Hotel** ❿ und dem im 56. Stock gelegenen **SkyPark**. Von hier, in 200 m Höhe, kann man die gesamte mit Abertausenden von Lichtern funkelnde Innenstadt überblicken. Einen eindrucksvolleren Tagesabschluss kann man sich kaum wünschen. Der SkyPark schließt um 22 Uhr. Alternativ könnte man ein paar Runden im **Singapore Flyer** ⓬ drehen, ein 165 m hohes Riesenrad samt Aussichtsgondeln, das ganz in der Nachbarschaft des Marina Bay Sands Hotels liegt.

085si Abb.: rk

▱ *Die singapurische URA (Urban Redevelopment Authority) hat alles daran gesetzt, die Stadt zu verschönern*

Singapur in zwei Tagen

Falls man zwei Tage Aufenthalt in Singapur hat, könnte man den ersten Tag wie oben beschrieben angehen, dabei vielleicht aber erst einmal den Besuch des SkyPark oder Singapore Flyer auslassen und sich stattdessen abends etwas mehr Zeit in den Restaurants oder **Bars von Clarke Quay** oder Boat Quay gönnen. Von dort könnte man auch noch zum hell angestrahlten Merlion gehen. Von der die Figur umgebenden Plattform, dem **Merlion Park** ❹, erhält man eine gute Aussicht auf das architektonisch so eigenwillige Marina Bay Sand Hotel und auf die sogenannte „Durian“, den nicht minder originellen Theaterkomplex **Theatres on the**

Bay ⓭. An der Uferpromenade nahe dem Theaterensemble lässt es sich auch spätabends sehr gut sitzen und das Ambiente genießen. Nicht selten gibt es hier Open-Air-Konzerte.

Am zweiten Tage könnte man die **Insel Sentosa** (s. S. 96) erkunden. Am einfachsten wäre eine Taxifahrt auf die Insel, aber interessanter ist vielleicht die Fahrt mit der MRT zur Station HarbourFront, die sich unter der **VivoCity Mall** (s. S. 29) befindet, dem größten Shoppingcenter Singapurs. Vom 3. Stock des Einkaufspalastes kann man mit der Monorail-Bahn (Sentosa Express), einem eingleisigen kleinen Zug, zur Insel gelangen. Das Ticket samt Eintrittsgebühr für die Insel ist den ganzen Tag für beliebig viele Fahrten auf **Sentosa** gültig. Dazu bekommt man eine Karte von Sentosa ausgehändigt. Der Sentosa Express hat drei Stationen auf Sentosa: Waterfront Station (S1), Imbiah Station (S2) und Beach Station (S3). Man achte gleich bei der Ausfahrt aus VivoCity einmal auf das merkwürdige

Gebäude mit dem hohen Schornstein auf der linken Seite: Das ist die **St. James Power Station** (s. S. 47), ein ehemaliges Kohlekraftwerk, das heute zahlreiche Nachtklubs beherbergt.

Sentosa bietet so viele unterschiedliche Attraktionen, dass man sich gut ein individuelles Programm zusammenschneidern kann. Zwischen den einzelnen Sehenswürdigkeiten pendeln kostenlose Busse von der Red Line, Blue Line und Yellow Line (letztere nur an Wochenenden und vor und an Feiertagen). Spielernaturen könnten einen Blick ins **Kasino des Resorts World Sentosa** ㊾ riskieren, der Eintritt ist für Nicht-Singapurer kostenlos. Das Spielen kann natürlich teuer werden! Das kann ein singapurischer Unternehmer bezeugen, der 2010 dort knapp 50 Mio. € verzockte. Auf dem **Imbiah Trail** ㊻ kann man Dschungel durchstreifen und **Fort Siloso** ㊼ ist ein bemerkenswertes Überbleibsel des 2. Weltkrieges, samt Multimediaeffekten, die die Kriegszeiten lebendig werden las-

012si Abb.: rk

sen. Auf Sentosa lässt es sich gut einen halben oder fast ganzen Tag verbringen. Für Strandliebhaber finden sich hier gleich **drei Strände:** Siloso Beach, Palawan Beach und Tanjong Beach (s. S. 101). Die Strände sind überraschend schön, mit weißem Sand und Palmen. Dass der Sand aus Indonesien importiert und hier einfach aufgeschüttet wurde, fällt gar nicht auf! Vor allem der etwas abgelegene hübsche Tanjong Beach bietet absolute Ruhe.

Bevor man mit der MRT wieder in die Stadt fährt, könnte man einen Blick in die riesige **VivoCity Mall** (s. S. 29) werfen, wo es Einkaufs- und Essensmöglichkeiten zuhauf gibt. Mit der MRT könnte man zurück in Richtung Innenstadt fahren, aber nur eine Station bis Outram, um dort in einen Zug in Richtung Pasir Ris umzusteigen; nach vier Stationen erreicht man die Station Bugis. Hier bietet sich ein Spaziergang durch **New Bugis Street** an, eine sehr belebte kleine Einkaufsstraße mit preiswerten Modegeschäften und vielen Krimskramsläden. Als diese Straße in vorangegangenen Jahrzehnten noch einfach nur Bugis Street hieß, war sie eine berüchtigte Rotlichtmeile (s. Exkurs S. 44). Heute ist sie „saniert", was viele Besucher, die Bugis noch aus den wilden Zeiten kennen, allerdings bedauern. Auf der anderen Straßenseite der Victoria Street, von der die New Bugis Street ausgeht, sieht man das **Bugis Junction** Shoppingcenter (s. S. 26). Es wurde über einigen ehemaligen Rot-

SSdA: Singapur, Stadt der Abkürzungen

In kaum einer Gesellschaft werden so viele Abkürzungen benutzt wie in Singapur – sehr vieles, z. B. Feiertage oder Straßen, ja sogar Menschen werden auf ein paar flinke Großbuchstaben reduziert. Diese Eigenart wirkt sehr technokratisch, präzise, schnell und effizient. Hier ein paar geläufige Beispiele:

> **CNY** = Chinese New Year (chinesisches Neujahr)
> **LKY** = Lee Kuan Yew
> **LHL** = Lee Hsien Loong (LKYs Sohn und der gegenwärtige Premierminister)
> **NDP** = National Day Parade (Parade zum Nationalfeiertag)
> **PAP** = People's Action Party (die Regierungspartei; manche Singapurer machen daraus scherzhaft „Pay and Pay", ein Persiflage auf die angeblich immer steigenden Steuern und sonstigen Abgaben)
> **SM** = Senior Minister (= LKY)
> **The 5 C's** = Cash, Credit Card, Car, Condominium, Country Club (Kohle, Kreditkarte, Auto, Apartment und Mitgliedschaft im Golfklub – alles, was ein Singapurer anstrebt)

lichtgassen errichtet, die aus historischen Gründen als Gehpassagen im Shoppingcenter belassen wurden. Sie sind noch ausgeschildert wie damals: Hylam Street, Malabar Street etc. Es ist schon erstaunlich, wie in ein paar Jahrzehnten aus dem „Sündenpfuhl" ein modernes Einkaufszentrum geworden ist.

Von Bugis Junction gelangt man in fünf Minuten über die North Bridge Road in Richtung Nordosten, zum kleinen Stadtteil **Kampong Glam**.

◁ *Wie gemalt: das Empress Place Building* ❷*, Raffles' Landing Site* ❶ *und der Turm der Victoria Theatre and Concert Hall (s. S. 70)*

Dort sind schon bald die hohe goldene Kuppel und die Minarette der **Sultan Mosque** ㉗ zu sehen. Dies ist Singapurs prächtigste Moschee und der Mittelpunkt von Kampong Glam, dem traditionellen alten malaiischen Stadtteil. Die Bussorah Street, die zum Haupteingang der Mosche hin verläuft, wurde zu einer hübschen Fußgängerzone ausgebaut, mit Geschäften und Open-Air-Restaurants. Die nahe Arab Street wird von zahlreichen **Teppich- und Textilgeschäften** flankiert, die von Arabern, Iranern und Indern geleitet werden. Dazu finden sich in den kleinen Straßen um die Moschee viele kleine Restaurants, die sich auf arabische, ägyptische, libanesische oder türkische Küche spezialisiert haben. Zum Essen wird die Shisha gereicht, die arabische Wasserpfeife. Zur Zeit des Sonnenuntergangs (ca. 19 Uhr) ist die Atmosphäre hier besonders verzaubernd – zumindest, wenn das Wetter mitspielt und der Himmel einigermaßen klar ist.

Besonders charmant präsentiert sich die westlich der Arab St. verlaufende schmale **Haji Lane** mit netten kleinen Lokalen und einigen Wandgemälden mit ägyptischen Motiven, die gute Fotomotive abgeben. Man beachte besonders das eine ganze Hauswand einnehmende Gemälde an der Ecke Haji Lane/Beach Rd.

Nach einem Essen in Kampong Glam könnte man wie oben beschrieben per Taxi zum **SkyPark** ⑩ des Marina Bay Sands Hotel fahren oder eine Runde hoch über der Stadt im **Singapore Flyer** ⑫ absolvieren.

▷ *Joggen in den Sonnenuntergang: Abends macht die Hitze weniger zu schaffen und die Szenerie ist auch nicht zu verachten*

Singapur in drei Tagen

Den dritten Tag in Singapur könnte man sich ganz nach individuellen Wünschen gestalten. Kulturliebhaber könnten gut einen halben Tag im sogenannten **Museum District** verbringen, dem Bereich um Stamford Road, Bras Basah Road und Waterloo Street. Hier findet man auf engstem Raum etwa ein halbes Dutzend Museen und Kunstakademien – allen voran das palastartige weiße Gebäude des **National Museum**, ein Muss für Kulturfreunde, das Asian Civilisations Museum (s. S. 49), das Singapore Art Museum (s. S. 51), eine ehemalige Kirche, wie man noch leicht erkennt, oder das Philatelic Museum (s. S. 51).

Auch das berühmteste Hotel Singapurs, das **Raffles Hotel**, ist nicht weit, ein weißer Prachtbau im Kolonialstil (siehe dazu den Exkurs „In Würde gealtert und schöner denn je: das Raffles Hotel"). Allein schon die alten Wandelgänge im Hotel, die von smarten Geschäften gesäumt werden, und der gemütliche Innenhof, sind einen Blick wert. Man braucht nicht Bewohner des Hotels sein, jedermann kann die öffentlichen Bereiche des Hotels betreten. Das Courtyard Restaurant, in einem charmanten Innenhof gelegen, eignet sich gut für eine kleine Stärkung und in der berühmten Long Bar kann man ganz entspannt ein paar Drinks nehmen. Die Essens- und Getränkepreise im Raffles sind gar nicht so hoch, wie man es bei einem Hotel dieser Klasse erwarten sollte. Andererseits bietet sich auch das **CHIJMES** ⑨ an, ein ehemaliger Nonnenkonvent, der wunderschön restauriert und zu einem romantischen kleinen Bar- und Restaurantcenter umgebaut wurde. Vom Raffles liegt das CHIJMES nur ein paar Fußgehminuten entfernt im Museum District.

Naturfreunde hingegen könnten den Großteil des Tages im Grünen verbringen – zunächst vielleicht im **Bukit Timah Nature Reserve** ③⑨, einem unerwarteten, unberührten Stück Dschungel im Herzen Singapurs. Es gibt hier vier verschiedene Wanderpfade, wovon der anspruchsvollste etwa zwei Stunden in Anspruch nimmt. Am besten, man beginnt die Wanderung so früh wie möglich, denn unter dem dichten Blätterdach wird es sehr heiß und feucht. Das Naturreservat öffnet um 7 Uhr.

Von hier empfiehlt sich die Weiterfahrt zum **Jurong Bird Park** ④②, in dem man zahlreiche Vogelgattungen beobachten kann, und das – wie immer in Singapur – in perfekt angelegter Parklandschaft und so tiergerecht und natürlich wie nur möglich. Im Anschluss an den Bird Park könnte man die Tagestour vielleicht mit einer Taxifahrt zum **East Coast Park** (s. S. 52) fortsetzen, Singapurs größtem Park. Hier lässt sich je nach Lust und Lau-

ne schwimmen, unter Palmen ausruhen, Fahrrad fahren oder ein Picknick abhalten, wie es viele Singapurer gern tun.

Abends lockt dann die Nachtsafari: Dem **Singapore Zoo** ③① ist eine Abteilung angeschlossen, die sich auf Nachttiere spezialisiert hat: die Night Safari. Um die zahlreichen Nachttiere zu beobachten, wird man teilweise durch das Gelände gefahren, teilweise geht man zu Fuß. Für viele Tierfreunde ist die **Nachtsafari** der Höhepunkt des Aufenthalts in Singapur. Kein Wunder, dass einige Länder das Konzept kopiert haben – doch Singapur machts meist doch am besten.

Und wenn man es nicht so mit der Kultur oder mit der Wildnis hat? Dann erklärt man sich einfach zum Ehren-Singapurer und tut das, was die Einheimischen am liebsten tun: nämlich **Essen und Shoppen.** Diese beiden Aktivitäten sind die singapurischen Nationalsportarten und es finden sich endlose Möglichkeiten dazu. *Shop till you drop,* wie der Werbespruch der Tourismusbehörde einst lautete: „Shoppen bis zum Umfallen".

013si Abb.: rk

Zur richtigen Zeit am richtigen Ort

> 1. Januar *: **Neujahrstag.** Viele Chinesen pilgern zum Kwan Im Tong Hood Cho Temple ❷❾ in der Waterloo Street und beten um Glück.

> Januar: **M1 Singapore Fringe Festival,** ein über 10-tägiges Festival mit Musik, Tanz, Theater und vielen Künsten am Rande (www.singaporefringe.com).

> Januar: das viertägige **tamilische Erntedankfest Pongal.** Der Name Pongal stammt von einem Gericht aus Reis, Milch und Zuckerrohr, das zu diesem Ereignis rituell gekocht und gegessen wird – wenn man es nicht gar *überkochen* lässt, denn *pongal* bedeutet auch „überkochen lassen".

> Januar/Februar: **das hinduistische Thaipusam** (s. S. 20), das mit Abstand bizarrste aller Feste in Singapur

> Ende Jan./Anf. Feb.*: **Chinese New Year (CNY),** das chinesische Neujahr. Das wichtigste chinesische Fest, von der Bedeutung her ähnlich unserer Weihnacht. Schon Wochen vorher werden die Straßen geschmückt, vor allem in Chinatown, und es werden Geschenke und Leckereien gekauft. Eine der beliebtesten Delikatessen ist *bak kwa,* eine Art gepökeltes Schweinefleisch. Die Farbe Rot dominiert das Bild, die chinesische Farbe für Glück. Das Neujahr selbst dauert etwa eine Woche, viele Arbeitnehmer bekommen frei und fahren in Urlaub. Chinesen aus Nachbarländern wiederum reisen nach Singapur. In diesen Tagen ist es schwer, einen Flug von oder nach Singapur zu bekommen.

> Februar: **Chingay Parade,** eine Art multikultureller Karneval, mit opulenten Paraden, grandiosen Festwagen und vielen kulturellen Veranstaltungen (www.chingay.org.sg). 2010 wurde Schwulengeschichte in Singapur geschrieben, als zum ersten Mal eine Schwulenabordnung bei einer Parade teilnehmen durfte.

Genau genommen waren es nur zwei mutige Männer mit Regenbogenflagge, aber immerhin. Die Medien ulkten, dass nun endlich auch das *gay* bei Chingay gerechtfertigt sei.

> ca. April *: **Karfreitag**

> ca. April: das zweiwöchige **Singapore International Film Festival** (www.sgiff.com)

> 13. April: **Vaisakhi, das Neujahr der Sikhs,** gefeiert in den *Gurudwaras,* den Sikh-Tempeln. Auch für Buddhisten aus Sri Lanka und Thailand ist dies der Neujahrstag.

> 1. Mai *: **Labour Day,** Tag der Arbeit

> Mai *: **Vesak, Buddhas Geburtstag** (der genaue Termin ist variabel), gefeiert in buddhistischen Tempeln

> ca. Juli: **Sundown Festival,** Musikfestival auf Sentosa mit zahlreichen asiatischen Künstlern (www.sundownfestival.sg)

> ca. Juli: **Duan Wu Jie, das chinesische Drachenbootfest.** Im Bedok Reservoir werden spannende Rennen in bunten Drachenbooten abgehalten. Es treten zahlreiche Teams gegeneinander an, angefeuert von Tausenden von Zuschauern. Das Drachenbootrudern wird sehr ernst genommen und es gibt einen Verein dazu (Singapore Dragon Boat Association, www.sdba.org.sg).

> Juli/August: **Hungry Ghost Festival;** ein chinesisches Fest, an dem Geistern, die angeblich zu dieser Zeit die Erde be- oder heimsuchen Essensgaben oder andere Opfer dargebracht werden. An den Straßen werden Altäre aufgebaut und

---

Die buddhistischen und hinduistischen Feiertage werden i. d. R. vom Mondkalender bestimmt und sind somit beweglich. **Die offiziellen Feiertage sind mit *** gekennzeichnet.

086si Abb.: rk

abends werden Aufführungen chinesischen Theaters mit Darstellern geboten, die in äußerst bunte, fotowirksame Kostüme gekleidet sind.

❯ 9. August *: **Singapore National Day**, der singapurische Nationalfeiertag, Singapurs stolzester Tag und die Zeit, Flagge zu zeigen. Schon Wochen zuvor wird die Nationalfahne an Häusern und öffentlichen Gebäuden ausgehängt. Am großen Tag selbst werden Umzüge und Paraden aller Art abgehalten (NDP = National Day Parade). Die Luftwaffe fliegt im Pulk über die Köpfe der Zuschauer hinweg, hinterlässt Kondensstreifen in den Nationalfarben Rot und Weiß und Fallschirmjäger demonstrieren ihre Fähigkeiten im Zielspringen. Einer der Höhepunkte ist der *Fly Past,* wenn eine gigantische singapurische Flagge von Hubschraubern gezogen über die Zuschauer geflogen wird. Gute Beobachtungsmöglichkeiten bieten sich entlang der Marina Bay. Zu guter Letzt gibt es ein Feuerwerk. Der Nationalfeiertag ist reuelos patriotisch,

aber doch auch bewegend, wenn man bedenkt, was dieses winzige Land in ein paar Jahrzehnten vollbracht hat. Etwa zwei Wochenenden vor dem eigentlichen Ereignis findet eine Generalprobe statt, in der man genau dasselbe erleben kann wie oben, nur halt noch nicht „in echt".

❯ ca. August/September: **Hari Raya Puasa ***, das Ende der moslemischen Fastenperiode. Singapurs Moslems halten einen Festschmaus (Termine: 8.8.2013, 29.7.2014).

❯ Ende September: **Singapore Grand Prix**, Formel-1-Rennen bei Nacht, zum ersten Mal abgehalten 2008, eines der Highlights des singapurischen Event-Kalenders. Die Rennwagen flitzen um den Padang und durch die umliegenden Bereiche und wohl dem, der sich ein Hotelzimmer im Swissôtel Stamford leisten kann, von dessen oberen Etagen an der Westseite sich der perfekte Ausblick bietet. Eine gute Sicht dürfte sich auch vom SkyPark des Marina Bay Sands Hotels ❿ ergeben, wenn auch aus größerer Entfernung. Wahrscheinlich wird man an diesem Tag nicht mit der üblichen Eintrittsgebühr von 20 S$ davonkommen. Auch die Hotels ziehen ihre Preise in der betreffenden Woche enorm

🖾 *Bei einer Kulturveranstaltung an der Marina Bay posieren malaiische Tänzer für die Zuschauer*

Thaipusam: Fest mit Haken, Ösen und Ekstase

016si Abb.: rk

„Vel! Vel! Vel!", intoniert inbrünstig ein ekstatischer Chor, gläubige Hindus, die sich gegen drei Uhr morgens im Srinivasa Perumal Temple ㉔ an der Serangoon Road versammelt haben. „Speer! Speer! Speer!", rufen sie immer wieder mit schlachtrufartiger Intensität. Der dramatische Gesang untermalt einen bizarren Akt: Einige der Anwesenden durchstechen sich Zunge oder Wangen mit Metallspeeren, rammen sich furchterregend lange Nadeln in den Körper oder lassen sich von Familienmitgliedern bösartig gewundene Haken in den Rücken schlagen. Kaum sind die Haken in die Körper gestochen, fallen einige in eine derwischartige Trance, drehen sich wie besessen im Kreise und tanzen durch die umstehende Menge. Andere verweilen stoisch, sich auf ihre Wunden konzentrierend. Manche lassen sich ein paar Dutzend Haken ins

Rückenfleisch winden, an die Limonen oder kleine Milchgefäße gehängt werden; einige befestigen Seile an den Haken, mit denen sie kleine Festwagen durch die Straßen ziehen; andere wiederum laufen auf einer Art mittelalterlichen Nagelschuh, bei dem Dutzende von Nägeln in die Fußsohlen drücken.

Jedes Jahr am Vollmondtag des tamilischen Monats Thai feiern Singapurs tamilische Hindus Thaipusam, das dem Gott Murugan (auch Subramaniam genannt) gewidmet ist. Als **Gegenleistung für ihre Pein** versprechen sich die Teilnehmer den Segen des Gottes oder die Heilung eines erkrankten Familienmitglieds.

Das im wahrsten Sinne des Wortes schwerste Opfer beim Thaipusam ist **das Tragen eines „Kavadi"**, eines ca. 30 kg schweren, hohen Metallgestänges. Dieses drückt mit exakt 108 langen Nadeln auf den Körper des Trägers (108 ist eine heilige Zahl im Hinduismus). An seinem oberen Ende ist der „Kavadi" mit Pfauenfedern geschmückt, ein Symbol des Gottes Murugan. Die „Kavadi" werden in einer Prozession vom Perumal Temple zum 3 km entfernten Thandayuthapani Temple in der Tank Road getragen – ein selbstschinderisches Unterfangen, das nur durch Willenskraft und vielleicht eine Portion Trance zu bewerkstelligen ist. Die Anfeuerungsrufe der Familienmitglieder der Träger helfen sicherlich auch. Und verblüffend bei der ganzen Sache ist: Es fließt kaum jemals ein Tropfen Blut und nachdem die Speere und Nadeln am Thandayuthapani Temple herausgezogen worden sind, bleibt kaum eine Wunde oder Narbe.

Wie die meisten hinduistischen Bräuche so beruht auch das Thaipusam-Fest auf einer alten Legende. Der Überlieferung nach benötigte der heilige Agastya zu religiösen Ritualen einige Pflanzen, die nur auf den Bergen Shaktigiri und Shivagiri wuchsen. Er beauftragte einem Getreuen namens Idumban, die Berge heranzuschaffen. Idumban hob die Berge empor, band sie an die beiden Enden einer Stange und trug sie davon. Da setzte sich der Gott Murugan auf eines der Enden und die Last wurde so schwer, dass Idumban sie nicht mehr tragen konnte. Idumban begann, inbrünstig zu Murugan zu beten. Bald darauf erschien ihm der Gott und verhieß, dass jeder, der an diesem Tage eine Last für ihn trüge und ihm Opfergaben von Sandelholz, Blumen und Milch darbrächte, gesegnet werden würde. Und so befolgt man es noch heute in Singapur. Am gleichen Tag findet das Fest übrigens auch an einigen Orten in Malaysia statt.

Den ganzen Tag hindurch starten kleine Gruppen von Festteilnehmern am Perumal Temple und ziehen in Richtung Thandayuthapani Temple. Dazu gewährt die Polizei ihnen eine eigene Fahrspur auf der Straße. Überall entlang des Weges finden sich Gläubige und Schaulustige ein, darunter auch völlig verblüffte - oder gar schockierte - Touristen.

Ganz im Sinne der singapurischen Ordnungsliebe sorgen die Behörden dafür, dass das Fest nicht allzu sehr außer Rand und Band gerät. Feuerwerkskörper und laute Musik, die das Fest in Indien oder Malaysia untermalen, sind verboten. Ekstase und Ord-

nung - beim Thaipusam in Singapur scheinen sie zwangsweise eine Symbiose eingegangen zu sein.

*Thaipusam ist variabel und findet am **Vollmondtag zwischen Mitte Januar und Mitte Februar** statt. Am Vorabend beginnen die Feierlichkeiten im Sri Vinayagar Temple in Chinatown mit einer Prozession der Statue des Gottes Murugan (ab ca. 18.30 Uhr). In der folgenden Nacht (ab ca. 3 Uhr) versammeln sich die „Prozessanten" am Srinivas Perumal Temple an der Serangoon Road in Little India. Hier kann man beobachten, wie sich die Teilnehmer ihre „Kavadis" mit den Speerspitzen aufsetzen oder andere sich Haken und Ösen in den Körper stechen lassen. Den ganzen Tag über verlaufen die Prozessionen entlang der Serangoon Road durch Little India, dann gehts entlang der Selegie Road, vorbei an Dhoby Ghaut, entlang Penang Road und Clemenceau Avenue zum Thandayuthapani Temple (auch: Chettiars' Temple). Dort entledigen sich die Festteilnehmer ihrer Folterinstrumente, manche ruhen sich erst einmal ordentlich aus, andere scheinen völlig frisch, munter und unversehrt.*

Von Jahr zu Jahr scheint die Zahl der Teilnehmer, die sich der extremen Selbstkasteiungen unterziehen, ein wenig geringer zu werden. Zunächst aber heißt es auch nächstes Jahr wieder „Vel! Vel! Vel! Ehre sei dem Gott Murugan!"

◁ *Leiden für Gott Murugan: Das Tragen eines „Kavadi" ist das höchste Opfer beim Thaipusam-Fest*

an, trotzdem ist es schwer, ein Zimmer zu bekommen, und die Tickets zum Rennen sind auch blitzschnell ausverkauft (www.singaporesg.com).

❭ ca. Oktober: **das hinduistische Fest Thimithi,** zu dem Gläubige im Sri Mariammam Temple in Chinatown über glühende Kohlen laufen.

❭ Oktober/November: **Deepavali oder Diwali *,** das hinduistische „Fest der Lichter". Little India wird festlich geschmückt und man entzündet Lichter, die den Sieg des Guten über das Böse symbolisieren.

❭ November: **Hari Raya Haji,** moslemisches Fest, das der Bereitschaft Abrahams (Ibrahims) gedenkt, seinen Sohn zu opfern.

❭ 25. Dezember *: **Weihnachten.** Wer geglaubt hat, hier dem europäischen Weihnachtsfest entfliehen zu können, hat sich getäuscht. Schon Wochen vorher werden die Shoppingcenter mit Weihnachtsliedern beschallt und die Kaufhäuser wetteifern um die schönste Weihnachtsdekoration. 14,6 % der Singapurer sind Christen, vor allem Chinesen. Manche sind erst in der jüngeren Vergangenheit zum Christentum übergetreten und es ist nicht ungewöhnlich,

wenn in einer Familie Buddhisten und Christen unter einem Dach wohnen. Aber auch die Nichtchristen lassen sich nicht zweimal bitten, wenn es ums Feiern, vor allem aber ums Shoppen und Essen geht. Shoppen und Essen sind sozusagen Singapurs Nationalsportarten.

❭ Dezember: das **ZoukOut Festival,** eine riesige Tanzparty auf Sentosa mit vielen internationalen DJs (www.zoukout.com)

❭ 31. Dezember: **New Year's Eve, Silvester.** Viele Menschen feiern in öffentlichen Partyzonen, z. B. auf der Orchard Rd., und es gibt das obligatorische (offizielle) Feuerwerk. Private Böller sind nicht gestattet.

❭ Darüber hinaus lässt sich die Tourismusbehörde stets etwas einfallen – irgendwas ist in Singapur immer los. Das kann der **Great Singapore Sale** sein (www.greatsingaporesale.com), ein riesiger Sommerschlussverkauf mit Preisreduktionen von 30 bis 70 % zwischen Mai und Juli, oder irgendein Food-Festival, auf dem Leckereien vorgestellt werden.

⌂ *Zum „Fest der hungrigen Geister" im Juli/August werden sowohl Götter als auch Menschen durch traditionelle Puppenspiele unterhalten*

Singapur für Citybummler

Ganz Singapur ist ausgezeichnet für Spaziergänge geeignet, kaum irgendwo in Asien haben Fußgänger es so gut. Hier nur ein ganz spezieller Vorschlag.

Flussspaziergang

Einen der gemütlichsten Spaziergänge in der Innenstadt kann man sich am Singapore River gönnen – und wo ließe es sich besser beginnen als an **Raffles' Landing Site** ❶, an der Stelle, an der Stamford Raffles zum ersten Mal in der „Löwenstadt" an Land gegangen war?

Die hier befindliche **Raffles-Statue** ist wie geschaffen für ein Erinnerungsfoto. Beachtenswert sind hier auch die majestätisch wirkenden, fächerartigen Gewächse, die in der Nähe des Standbildes angepflanzt sind. Dies sind Exemplare der sogenannten **Travellers' Palm** *(Ravenala madagscariensis)*, die in Madagaskar heimisch ist. Eigentlich ist sie eher ein Baum als eine Palme, aber das macht nichts, sie setzt an dieser Stelle einen willkommenen tropischen Tupfer hinzu. Einem weiteren exotischen Tupfer begegnet man, falls die indischen Schlangenbeschwörer anwesend sind, die hier oft ihrem alten Gewerbe (in Indien inzwischen offiziell verboten) mit dem Segen der Tourismusbehörde nachgehen. Ein Foto mit Schlange um den Hals kostet nur ein paar Dollar. Der alte Raffles, die Arme verschränkt, schaut aus dem Hintergrund prüfend zu.

Weiter nach Nordwesten gehend sieht man nun links die gesamte

☒ *Flussidyll: Clarke Quay (s. S. 68) und Riverside Point (s. S. 25)*

019si Abb.: rk

017si Abb.: rk

⊡ *Ein „Muss" auf dem Besuchsprogramm: ein Foto mit Sir Stamford
Raffles an Raffles' Landing Site* ❶

018si Abb.: rk

⊡ *Stumme Zeitzeugen:
lebensechte Figuren alter Kaufleute
am Singapore River (s. S. 68)*

088si Abb.: rk

⊡ *Farbenpracht: Die vielen bunten
Fenster des MICA Bulding*

Frontseite des **Boat Quay** [E5–E6],
all die bunten kleinen Häuser mit ihren roten Ziegeldächern, allesamt
fein säuberlich nebeneinander auf-
gereiht. Ein Stück weiter in Richtung
Nordwesten kann man rechts einen
kurzen Blick auf das trutzig wirkende
neue Parlamentsgebäude werfen,
mit der singapurischen Flagge auf
dem Dach. An dieser Stelle führt nun
eine Unterführung unter der North
Bridge Road hindurch. Auf der anderen Seite gelangt man erst einmal
an einen Flussabschnitt ohne nen-
nenswerte Sehenswürdigkeit. Doch
schaut man sich einmal rückwärts
um: Im Hintergrund erhebt sich das
unverwechselbare **Marina Bay Sands
Hotel** ❿, das riesige „Schiff" auf seinem Dach ist eine beinah unwirkliche
Erscheinung.

Ein paar Schritte weiter nordwest-
lich führt noch einmal eine Unterführung unter zwei nebeneinander liegenden Straßen hindurch und oben
aufgetaucht befindet man sich nun
an **North Boat Quay**. Geradeaus erhebt sich das Gerüst von **G-Max Bungee** (s. S. 69); rechts zeigt sich ein
massives, graues Haus mit zahlreichen, kunterbunten kleinen Fens-
tern. Dies ist das **Gebäude von MICA**,
des *Ministry of Information, Commu-
nication and The Arts* (140 Hill St.),
und die verschiedenfarbigen Fenster
sollen Singapurs ethnische Vielfalt
symbolisieren. Das klotzige Gebäude
wurde in den 1930er-Jahren errichtet, war zu seiner Zeit das größte Bauwerk Singapurs und galt mit seinen
sechs Stockwerken quasi als „Wol-
kenkratzer". Bevor das Ministerium
einzog, war eine Polizeistation darin
untergebracht. 1998 wurde das Gebäude zum Nationaldenkmal erklärt.

Geht man nun weiter westlich an
Clarke Quay [D5] vorbei oder viel-

leicht in die kleinen Gassen des Viertels hinein, so bietet sich hier eine Vielzahl von Restaurants. Einige weitere Lokale sind auf alten *bum boats* angelegt, die am Ufer festgemacht sind – Spezialität Seafood. Am westlichen Ende von Clarke Quay überspannt die Ord Bridge den Fluss. Über diese kann man auf das andere Ufer wechseln. Geht man nun zurück in die Richtung, aus der man gekommen ist, passiert man **Riverside Point**, ein wie ein altes Großkontor aussehendes Gebäude samt zentralem Turm.

Vor dem Riverside Point haben sich einige Open-Air-Restaurants eingerichtet. Eines davon ist **Brewerkz** (s. S. 38), ein Restaurant mit Mini-Brauerei, dessen Flüssigprodukt man nun fachmännisch antesten könnte. Der Besitzer des Restaurants ist Amerikaner (ihm gehört fast der ganze Block), aber das Bier ist trotzdem gut und hat schon die eine oder andere Auszeichnung erhalten.

Weiter östlich befinden sich nun wieder Tiefpassagen, durch die man die Straßen unterschreiten kann. Hier trifft man möglicherweise auch auf eine Seltenheit: einen singapurischen Straßenmusikanten. **Straßenmusiker** haben es nicht leicht in der Stadt. Um öffentlich spielen zu dürfen, benötigen sie nämlich eine staatliche Lizenz, die sie allerdings nur bekommen, wenn sie bei einer Art singapurischem beamteten Dieter Bohlen durchgewinkt wurden. Das schafft natürlich nicht jeder.

Bei Wiederauftauchen aus der Unterführung hat man nun **Boat Quay** erreicht und es bietet sich die Auswahl zwischen Dutzenden von Open-Air-Lokalen. Eines liegt neben dem anderen. Etwas nerven können die Restaurantangestellten, die einen

Routenverlauf im Stadtplan
Der hier beschriebene Spaziergang ist mit einer farbigen Linie im Stadtplan eingezeichnet.

alle paar Meter ansprechen und in ihr Lokal locken wollen. Dieses Werben oder *touting* ist in Singapur eigentlich verboten und die *touts* sind meist auch sehr unaufdringlich und höflich. Ein Satz „Singlish" (s. S. 64) oder Malaiisch wäre hier hilfreich: *„Suda makan, lah!"* – „Ich habe schon gegessen!" Da lässt jeder *tout* gleich von einem ab.

Wenn man gegen Spätnachmittag an Boat Quay eintrifft und das Wetter ist einem hold, sieht man auf der anderen Flussseite das **Empress Place Building ❷** und **Raffles' Landing Site ❶** in wunderschönes Sonnenlicht getaucht. Es kann ein göttlicher Anblick sein.

Bei der Restaurierung von Boat Quay hat die singapurische Baubehörde auch an kleinste Details gedacht: Geht man direkt an den Rand des Flusses, da wo einige Treppen hinunterführen, sieht man noch die altertümlichen Eisenpoller, an denen früher die *bum boats* festgemacht wurden. Selbst diese Eisenpfeiler wurden liebevoll restauriert.

Beenden könnte man den Rundgang nun noch etwas weiter östlich, auf dem großen Vorplatz des **UOB Plaza** [E6]. Hier finden sich nachmittags und abends zahlreiche Angestellte aus den benachbarten Bürotürmen zum Plausch oder zum Entspannen ein. Von den Sitzbänken aus schaut man den Fluss entlang in Richtung Boat Quay und kann im Geiste die soeben begangene Route noch einmal zurückverfolgen.

Singapur für Kauflustige

Singapur ist nicht mehr unbedingt das Einkaufsparadies, das es einmal war. Mit dem wirtschaftlichen Aufstieg des Landes haben sich die Preise durchweg erhöht. Ein wichtiger Faktor beim Shoppen ist der momentane **Wechselkurs.** Bei hohem Euro oder Schweizer Franken lohnen sich Einkäufe eher.

Übrigens kann man sich unter Umständen die gezahlte Mehrwertsteuer (Goods and Services Tax, GST) zurückerstatten lassen (s. S. 105).

Die wichtigsten Shoppingcenter

Shoppingcenter finden sich im gesamten Stadtgebiet, am geballtesten jedoch in der Orchard Road, wo praktisch ein Einkaufstempel neben dem anderen steht. Außer in ihrer Architektur unterscheiden sie sich oft wenig voneinander, die Angebote ähneln sich. Shoppingcenter dienen in Singapur nicht nur zum Einkaufen, sondern auch als eine Art gesellschaftlicher oder **kultureller Treffpunkt.** Häufig werden hier Musik- oder Kunstveranstaltungen angeboten, so z. B das Raffles City, mit dem das mehrtägige Singapore Arts Festival präsentiert wird (ca. Mai/Juni/Juli).

🏛 1 [C3] **313@Somerset,** 313 Orchard Rd., Singapore 238895, MRT: Somerset, Tel. 64969300, www.313somerset.com.sg, 10–22/24 Uhr je nach Geschäft oder Restaurant. Günstig direkt an der MRT-Station Somerset gelegen, mit Modekleidung, Sport- und Elektronikartikeln, mehreren *food courts* und vielen Restaurants, u. a. an einer Art Open-Air-Flanierzone, an der sich auch das deutsche Restaurant Brotzeit befindet.

🏛 2 [G3] **Bugis Junction,** 200 Victoria St., Singapore 188021, MRT: Bugis, Tel.

65576557, www.bugisjunction-mall.com.sg, 10–22 Uhr. Vielleicht das gemütlichste, „romantischste", nicht sehr große Shoppingcenter, dessen Architektur an eine Markthalle des frühen 20. Jh. erinnert. Die Einkaufszeilen werden von einem gewölbten Glasdach bedeckt und die Fenster im Innenbereich weisen die typischen Holzläden auf, die man auch heute noch an alten chinesischen Wohnhäusern sieht. Besonders empfehlenswert ist der gediegene *food court* im ersten Stock, genannt „Food Junction", von dem sich ein guter Ausblick auf die Kaufhalle ergibt.

🏛 3 [E5] **Funan Centre (Funan DigitalLife Mall),** 109 North Bridge Rd., Singapore 179097, MRT: City Hall, Tel. 63368327, www.funan.com.sg, 10–22 Uhr. Eine der besten Anlaufstellen in Sachen Computer und Zubehör, dazu Elektronik- und Fotoläden, Drogerien, Restaurants, Cafés u. v. m. Im „Laptop General Hospital" (04–26, Tel. 63333343) werden kranke Laptops kuriert.

🏛 4 [A2] **ION Orchard,** 2 Orchard Turn, Singapore 238801, MRT: Orchard, Tel. 62388228, www.ionorchard.com, 10–22 Uhr. Direkt über der MRT-Station Orchard liegt dieses futuristisch anmutende Shoppingcenter, groß genug, um sich darin zu verlaufen. Draußen auf dem Vorplatz kann man unter riesigen elektronischen Displays und blinkender Reklame für Nobelmarken eine Einkaufspause einlegen. Geboten wird ein Allroundangebot, hochpreisige Kleidungs- und Modeartikel, dazu zahlreiche Res-

Shoppingareale
Die wichtigsten Shoppingbereiche der Stadt sind im Kartenmaterial mit einer rötlichen Fläche markiert.

taurants und *food courts* sowie das Büro der Singapore Airlines (04–05).

🔴5 [B2] **Lucky Plaza,** 304 Orchard Rd., Singapore 238863, MRT: Orchard, Tel. 62353294, www.luckyplaza.com.sg. Ein Shoppingcenter der alten Schule, im Vergleich zu den anderen leicht veraltet wirkend, dafür mit relativ preiswerten Geschäften für Kleidung, Modeschmuck, Elektro- und Fotowaren, dazu Schneidergeschäfte, Reiseagenturen u. v. m. Größere Einkäufe sollte man hier nur tätigen, wenn man zuvor Preise verglichen hat (insbesondere bei Kameras o. Ä.). Für Singapur eher ungewöhnlich sind die Geschäfte „House of Condom" und „Naughty" (Eingang jeweils direkt von der Orchard Rd.), die mit den exotischsten Gummiverhütern und Sexartikeln aufwarten. Sonntags treffen sich im Lucky Plaza zu Hunderten oder Tausenden die weiblichen philippinischen Hausangestellten, die in vielen Haushalten Singapurs arbeiten.

🔴6 [G1] **Mustafa Centre,** 145 Syed Alwi Rd., Little India, Singapore 207704, MRT: Farrer Park, Tel. 62955855, www. mustafa.com.sg, 24 Std. geöffnet. Das Mustafa Centre ist Singapurs unglaublichstes Kaufhaus. In den engen, chaotischen Gängen findet man absolut alles (außer Alkohol und Tabak), und das oft zu den niedrigsten Preisen: Elektronikwaren, Kameras, Kleidung, Schuhe, Uhren, Schmuck, Koffer und Taschen, Lebensmittel, CDs und DVDs, Hygiene- und Drogerieartikel und noch vieles mehr. Im zweiten Stock stehen reihenweise Regale, die vor Speisen und Gewürzen aus Indien förmlich bersten. Schleckermäulern bieten sich zahlreiche Stellagen mit importierter Schokolade, Süßwaren u. Ä., selbst deutsche Marken sind dabei, darunter auch Diabetikerschokoladen oder -kekse. In der Drogerieabteilung findet man mehr Vitamine und Nahrungsergänzungsmittel, als man im Leben gebrauchen kann. Vorhanden sind auch mehrere Wechselschalter, einer

◿ *Eines der modernsten Shoppingcenter der Stadt: das ION Orchard* befindet sich außen an der Ecke Syed Alwi Rd./Serangoon Rd. Das Mustafa hat sich in den vergangenen Jahren ständig vergrößert und es nimmt nun praktisch zwei Straßenblöcke ein. Die Zubauten waren auch nötig, denn Mustafa war (und ist zum Teil immer noch) so eng und vollgestellt, dass die Behörden es zeitweise als potenzielle Feuerfalle ansahen. Direkt um die Ecke vom Mustafa Centre, im Serangoon Plaza an der Serangoon Road, befindet sich das alte, kleinere Stammhaus des Centers (getrennter Eingang). Dieses hat kürzere Öffnungszeiten (9–23 Uhr) und aufgrund der geringeren Fläche ein kleineres Angebot. Das Shoppen ist hier aber geruhsamer, da das Stammhaus nicht so überlaufen ist.

🛍7 [F4] **Raffles City Shopping Centre,** 250 North Bridge Rd., Singapore 179103, MRT: City Hall, Tel. 63387766, www.rafflescity.com.sg, 10–22 Uhr. Eines der angenehmsten Shoppingcenter Singapurs, nicht zu groß und nie zu voll, dazu liegt es auch noch direkt über der MRT-Station City Hall. Es gibt viel Kleidung, Uhren, Kosmetik- und Drogerieartikel sowie Restaurants und einen preiswerten *food court.* Im Gebäude befindet sich auch das Kaufhaus Robinson – eine Art Karstadt oder Kaufhof – mit entsprechendem Komplettangebot, oft mit stark reduzierten Preisen bei Modeartikeln.

🛍8 [G4] **Suntec City Mall & Singapore International Convention and Exhibition Centre,** Haupteingang Temasek Boulevard, Singapore 038983, Tel. 68252667, www.sunteccity.com.sg, MRT: Esplanade, 10–22 Uhr. Gigantisches Shoppingcenter mit 83.847 qm Verkaufsfläche und angeschlossenem Kongresszentrum. Draußen an der Nordostseite des Gebäudes steht der markante Brunnen Fountain of Wealth, der gleich nach seiner Inbetriebnahme 1998 als größter Springbrunnen der Welt ins Guinnessbuch der Rekorde aufgenommen wurde. Der Brunnen besteht aus 13,8 m hohen Bronzefüßen, auf denen oben ein Ring lagert, symbolisch für einen Ring in einer offenen Hand, was im chinesischen Symbolismus Reichtum bedeutet. Abends wird der Brunnen in einer Art Lightshow bunt beleuchtet.

🛍9 [B2] **Takashimaya,** 391 Orchard Rd., Singapore 238873, MRT: Somerset, Orchard, www.takashimaya-sin.com, Tel. 67381111, 10–21.30 Uhr. Schon nach außen hin ist das Takashimaya ein sehr gediegenes Gebäude, als Teil des mächtig wirkenden Ngee Ann City Complex, der auch zahlreiche Büros beherbergt. Es sieht aus, als wäre es aus braunem Marmor gefertigt, sehr dezent-konservativ und in der eher modern blinkenden Orchard Road fällt es etwas aus dem Rahmen. Draußen erstreckt sich ein weiter Vorplatz und der Haupteingang wird von Wächtern in Form von steinernen chinesischen Löwen flankiert – die sind vielleicht auch nötig, denn bis in die 1950er-Jahre hatte sich an dieser Stelle ein chinesischer Friedhof befunden. Drinnen gibt es zahlreiche Nobelmarken, aber auch einen Supermarkt und Kinokuniya, Singapurs größtes Buchgeschäft.

EXTRATIPP

Billig und oft windig: Sim Lim Square und Sim Lim Tower

Diese beiden Shoppingcenter sind randvoll mit Geschäften für Elektrowaren, Computer, Kameras etc. Die Preise sind oft sehr günstig, zumindest, wenn man sich im Metier auskennt und handelt. Beide Center haben nicht den besten Ruf, sehen Sie sich also gut an, was Sie kaufen. Die beiden liegen an der Kreuzung Rochor Canal Rd./Bencoolen St./Sungei Rd./Jln. Besar; MRT: Bugis oder Little India.

⓿ [G7] **The Shoppes at Marina Bay Sands**
im imposanten Hotel-Kasino-Komplex
bieten alles, was das Käuferherz begehrt.

🛍10 [bl] **VivoCity Mall,** 1 HarbourFront
Walk, Singapore 098585, MRT: HarbourFront, Tel. 63776860, www.vivocity.
com.sg, 10–22 Uhr. Mit einer Gesamt-
fläche von 139.000 qm Singapurs größtes Shoppingcenter und ggf. der Ausgangspunkt zu Fahrten nach Sentosa.
Ansonsten kann man hier einen ganzen
Tag mit Shoppen und Essen verbringen.
Von Terrassen und Restaurants im dritten Stock kann man Sentosa sehen und
weiter vorne das Singapore Cruise Centre, an dessen Anlegeplatz meist ein grö-
ßeres Passagierschiff dümpelt.

Supermarktketten

❯ **Cold Storage/Market Place,** Zweig-
stellen in Bugis Junction, Centrepoint
Orchard Rd., Changi Airport Terminal 2,
Funan Mall, North Bridge Rd., Harbour-
Front Centre, Takashimaya, VivoCity u. a.,
Tel. 63441661, www.coldstorage.com.
sg, 10–22 Uhr. Gut bestückt, mit großer
Auswahl an westlichen Lebensmitteln,
preislich im Mittelfeld angesiedelt.

❯ **Jason's Market Place,** Raffles City Shopping Centre (s. S. 28), Paragon Shopping Centre (Orchard Rd.) und Orchard
Towers, Tel. 63362676, 10–23 Uhr. Die
Nobelmarke unter den Supermärkten,
einerseits mit der üblichen Standard-
palette, andererseits mit Delikatessen
und relativ teuren Importen, darunter
auch Nahrungsmittel aus biologischem
Anbau, Gesundheitskost u. Ä.

❯ **NTUC FairPrice,** Zweigstellen in Changi
Airport Terminal 1, Bld. 2 Joo Chiat Rd.,
111 Somerset Rd., 131 Killeny Rd. (die
letzten beiden nahe Orchard Rd.), und in
der City Square Mall (180 Kitchener Rd.).
Singapurs erstes „Öko-Shoppingcenter",
in dem fleißig recycelt wird und Strom-
sowie Wasserverbrauch auf ein Minimum
reduziert werden (Zugang von MRT Farrer

Park, Little India, www.citysquaremall.
com). Dazu über 200 weitere Filialen,
meist in Vororten, www.fairprice.com.
sg, 10–22 Uhr, teilweise 24 Std. geöffnet. Der „Aldi" der singapurischen Haus-
frau, eine gut sortierte, preiswerte Super-
marktkette, auch mit zahlreichen westlichen Lebensmitteln.

Spezielle Einkäufe

Antiquitäten und Sammlerobjekte

🛍11 [F4] **Elliott's Antiques,** 02–13/14
Raffles Hotel Arcade, Raffles Hotel, 328
North Bridge Rd., Singapore 188719,
MRT: City Hall, Tel. 63371008, www.
elliotts-antiques.com, 11–20 Uhr, CNY
und 25. Dez. geschl. Exquisite, perfekt
restaurierte antike chinesische Möbel,
dazu Kunstobjekte aus Schildkrötenpan-
zer oder Elfenbein. Hohe Preislage.

🛍12 [ci] **Mata Hari Arts & Antiques,**
02–26/27 Tanglin Shopping Centre,
19 Tanglin Rd., Singapore 247909,
MRT: Newton, Tel. 67376068, 10.30–
18.30 Uhr, So/Fei geschl. Alter Goldschmuck, antike Textilien, Perlensticke-
reien und Buddhafiguren. Das Tanglin
Shopping Centre ist generell eine gute
Adresse für Antiquitäten.

🛍13 [ci] **Mekong Gallery,** 01–29 Tanglin
Shopping Centre, 19 Tanglin Rd., Singapore 247909, Tel. 68870315, Mo–Sa
10.30–18.30 Uhr, So/Fei geschl. Alte
chinesische und tibetische Möbel, alte
Portraits und neuzeitliche Gemälde.

Bücher und Zeitschriften

🛍14 [B2] **Kinokuniya,** 391 Orchard Rd.,
03–09/10/15 Takashimaya Shop-
ping Centre, Singapore 238872 (Zweigstelle unter anderem in Bugis Junction,
s. S. 26), Tel. 67375021, MRT: Orchard,
Somerset, www.kinokuniya.com.sg,
10–22 Uhr. Die größte Buchhandlung
der Stadt, eine Riesenauswahl in allen
Sparten.

Computer und Zubehör

🔴 **15** [E5] **Challenger Superstore,** 06–00 Funan DigitaLife Mall, 109 North Bridge Rd., Singapore 179097 (Zweigstellen unter anderem in VivoCity), MRT: City Hall, www.challenger.com.sg, Tel. 63399008, tgl. 10–22 Uhr. Hier geht man als Erstes hin, wenn man etwas in Sachen Computer braucht – Hardware, Programme, Zubehör, alles gibt es zu günstigen Preisen. Für 30 S$ kann man eine Mitgliedskarte für zwei Jahre erwerben, mit der die meisten Waren etwas preiswerter werden. Bei einem Kauf im Wert von einigen Hundert Dollar hat sich das schon amortisiert.

🔴 **16** [E5] **PK Computer,** 04–09 Funan DigitaLife Mall, 109 North Bridge Rd., Singapore 179097, MRT: City Hall, Tel. 63371897, 10.30–20 Uhr, feiertags geschlossen. Eine große Auswahl an Computern und Zubehör zu niedrigen Preisen. Dafür keine sachkundige oder aufmerksame Beratung; am besten weiß man vorher, was man will.

Handys

🔴 **17** [F1] **Naranjan Electronics,** 154 Race Course Rd., Little India, Singapore 218599, MRT: Farrer Park, Tel. 63922926, 10–23 Uhr. Handys sind in Singapur i.A. sehr preiswert, nirgends aber so günstig wie hier. Es gibt täglich wechselnde Sonderangebote, die draußen auf Reklametafeln annonciert werden. Es lohnt auch ein Blick ins links daneben gelegene, kleinere Suntek Mobile, das mit Naranjan konkurriert.

Kunsthandwerk

🔴 **18** [F2] **Little India Arcade,** 48 Serangoon Rd., Singapore 217959, MRT: Little India, 10–22 Uhr. In einigen kleinen Passagen werden Handwerksartikel und Kunsthandwerkliches aus Indien verkauft: Saris, Schals, Tischdecken, Götterbilder, Schmuck, Handtaschen und Musik-CDs. Einen besonderen Blick ist das Geschäft **Gokulam Jewels & Crafts** (Tel. 62986275) an der Ecke Campbell Lane wert: Der Laden quillt über vor Götterfiguren aus Holz oder Bronze in allen Größen, Holzschnitzarbeiten, Hindu-Altären, alten indischen Türen und Schaukeln, Schmuck u.v.m.

🔴 **19** [hi] **Rumah Bebe,** 113 East Coast Rd., Singapore 428803, Tel. 62478781, www.rumahbebe.com., Di–So 9.30–20.30 Uhr. Eine bezaubernde Kollektion von Handwerksartikeln, die vom Stil der Peranakan, einer malaiisch-chinesischen Volksgruppe, inspiriert sind. Verkauft werden Schuhe, Handtaschen und typische Peranakan-Kleidungsstücke, allesamt so wunderschön und bunt, dass man sie vielleicht auch als Wohnungsdekoration verwenden könnte. Untergebracht ist die Sammlung in einem charmanten alten Peranakan-Haus im Stadtteil Katong.

🔴 **20** [gi] **Malay Village,** 39 Geylang Serai, Singapore 409227, MRT: Paya Lebar, Tel. 68484700, 10–22 Uhr. Wie ein malaiisches Dorf aufgemachtes kleines Kulturzentrum, in dem typisch malaiische Handwerksartikel veräußert werden – Batiken, Rattanmöbel, Teppiche, Stoffe, Gemälde, Kunstobjekte etc. Angeschlossen ist ein kleines Museum (geringer Eintritt) und es werden kulturelle Vorstellungen gegeben, wie z.B. malaiischer Tanz. Ein Besuch im Malay Village lässt sich gut mit einem Trip zur Joo Chiat Rd. verbinden.

🔴 **21** **Ming Village,** 32 Pandan Rd., Singapore 609279, MRT: Clementi, dann

▷ *Coca Cola kann man an diesem Automaten rechts neben dem TFS Bistrot (s. S. 36) nicht mehr kaufen – er ist nur noch ein Museumsstück …*

Bus 78, Tel. 62657711, 9–17 Uhr. Hier kann man Töpfer und Maler bei der Arbeit beobachten, die Porzellanwaren im alten Ming-Stil erschaffen. In einem Verkaufsraum können die Produkte erstanden werden. Angeschlossen ist das kleine Pewter Museum, in dem kunstvolle Zinnarbeiten aus Malaysia ausgestellt sind.

Kameras und Zubehör

Generell empfehlen sich diesbezüglich vor allem das Peninsula Plaza und das Peninsula Shopping Centre (beiderseits der Coleman St.), wo man gleich eine ganze Reihe von preiswerten Geschäften und auch solche mit Gebrauchtkameras und für Reparaturen findet. Ein paar Läden sind auch in The Adelphi untergebracht, schräg gegenüber an der South Bridge Rd. Es lohnt sich, die Preise zu vergleichen.

🛍22 [F5] **Cathay Photo**, Pensinsula Plaza, 111 North Bridge Rd., Singapore 179089, Tel. 63374274, MRT: City Hall, www.cathayphoto.com.sg, Mo–Sa 10–19 Uhr, So und feiertags geschlossen. Professionell geführtes Geschäft mit kompetenten Verkäufern. Große Auswahl, oft jedoch etwas teurer als die Konkurrenz – dafür zuverlässig.

🛍23 [E5] **The Camera Workshop**, 01–31 Peninsula Shopping Complex, 11 Coleman St., Singapore, MRT: City Hall, Tel. 63361956, Mo–Sa 11.30–19 Uhr. Sachkundiges Personal und günstige Preise, dazu Secondhandwaren und Reparaturen.

Märkte

Im smarten Singapur sind Open-Air-Märkte fast verschwunden. Die eine oder andere kuriose Ausnahme gibt es aber noch.

🛍24 [E7] **Flea Market@China Square Central**, China Square Central, Level 1 und 2, 18 Cross St., Chinatown 048423, MRT: Chinatown, So 11–18 Uhr www.chinasquarecentral.com. Dieser Flohmarkt liegt in einem vor nicht allzu langer Zeit restaurierten Teil Chinatowns, mit Antiquitäten – oder solchen, die vorgeben, welche zu sein –, Spielzeug, Sammlerobjekten, Kunsthandwerksartikeln etc. Das schmucke kleine Viertel ist aber auch ohne Markt einen Besuch wert. Es lockt eine Vielzahl kleiner Restaurants, die sich entlang der Fußgängerpassagen reihen.

🛍25 [dk] **MAD Pyjamas (Market of Artists and Designers)**, Red Dot Design Museum, Maxwell Rd., Singapore 069120, jeden ersten Freitag im Monat, 17–24 Uhr. Mode-, Kunst- und Handwerksartikel von jungen Künstlern und ab 21 Uhr gibt es Livemusik von einheimischen Bands.

096si Abb.: rk

Singapur für Genießer

Die kulinarische Szene

Singapur ist ein Vielvölkerstaat und die Essgewohnheiten unterscheiden sich je nach ethnischem Hintergrund.

Ein Malaie wird morgens vielleicht ein *roti paratha* essen, ein in Öl gebratenes Fladenbrot aus Weißmehl, das mit diversen Soßen oder Currys gereicht wird; ein Südinder genießt eher seine *dosa,* ein Teigfladen aus Reis- und Linsenmehl, den man mit Soßen und Chutneys isst; ein Nordinder genießt wahrscheinlich eher *dal-chapati,* eine Art Linsenbrei mit Fladenbrot, ein älterer Chinese vielleicht *porridge* oder *congee,* eine Reisgrütze mit Fleischzutaten oder Ei.

Westliches Essen ist übergreifend in allen ethnischen Gruppen sehr verbreitet. Im „verwestlichten" Singapur gehört es zum normalen Speisealltag. Jugendliche aller o. g. Ethnien treffen sich zum Frühstück möglicherweise bei McDonald's. **Generell sind Singapurer passionierte Esser** und probieren gern die Küchen anderer Völker. So sieht man chinesische Familien, die in indischen Restaurants speisen, oder Malaien, die sich an türkischen Gerichten versuchen. Teilweise hat man das Gefühl, das Essen sei förmlich eine Obsession. Im örtlichen Fernsehen scheint sich jede zweite Sendung ums Kochen zu drehen.

Als **singapurische Nationalgerichte** gelten *Hainanese Chicken Rice,* ein Huhn-Reis-Gericht, das mit scharfen oder würzigen Soßen serviert wird, und *Chili Crab,* gebratener Krebs in einer süß-scharfen Tomaten-Chili-Soße. **Hainanese Chicken Rice** oder einfach *Chicken Rice* bekommt man in jedem chinesischen Restaurant oder in den einfachen Hawker Centres (s. S. 40),

wo er oft am besten schmeckt. Einer der besten Stände für *Chicken Rice* ist Tian Tian Hainanese Chicken (s. S. 36) im Maxwell Food Centre, vor dem sich oft lange Warteschlangen bilden. Sehr beliebt für ihre **Chili Crabs** sind die Restaurants im East Coast Park, darunter Jumbo Seafood (s. S. 35), und die Restaurants im East Coast Lagoon Food Village, z. B. Long Beach Seafood (s. S. 35). Die beiden *Food Center* liegen direkt westlich bzw. östlich neben der East Coast Lagoon. Taxifahrer kennen sie.

Je nach ethnischem und religiösem Hintergrund bestehen u. U. **Speisetabus.** Die Malaien und ein Teil der indischen Bevölkerung sind Moslems und essen i. d. R. kein Schweinefleisch und trinken keinen Alkohol, im modernen Singapur gibt es hierzu allerdings zahlreiche Ausnahmen. Hin-

⌂ *Dieses Open-Air-Lokal am Boat Quay ist für die abendlichen Gäste bestens gerüstet*

023si Abb.: rk

dus essen üblicherweise kein Rind-fleisch, manche leben gänzlich vege-tarisch. In Singapur ist auch das kein Problem. Es ist übrigens nicht üblich, Trinkgelder zu geben (s. S. 119).

Getränke

Erhältlich sind alle in Europa übli-chen Getränke, auch **importiertes Bier** oder Wein. Wem die Lokale zu teuer sind, der findet alles Notwendi-ge in den Supermärkten. In Restau-rants oder Pubs kann ein Glas Wein oder eine Flasche Bier leicht 6 bis 8 € kosten. Entscheidend für den Preis ist allerdings auch die Lage: In den schicken Restaurants am Boat Quay ist das Preisniveau weit höher als in einem kleinen Ecklokal in der Vor-stadt. Viele Lokale bieten nachmit-tags und am frühen Abend eine Hap-py Hour. Dann werden die Bierpreise erträglicher.

Tee und Kaffee können sehr preis-wert sein. In einfachen Lokalen be-kommt man diese schon für 0,50–1 S$. Die Regierung setzt bei sol-chen „Grundgetränken" in kleinen Otto-Normalverbraucher-Restaurants Preisrichtlinien. Eine Spezialität in diesen Lokalen ist der „**Teh Tarik**" **oder „Zieh-Tee".** Das ist süßer Tee mit Milch, der aus einem Behälter aus großer Höhe in das Glas gegos-sen wird, dann wieder zurück und ein paar Mal so hin und her. Dadurch oxi-diert der Tee, was den Geschmack – ähnlich wie beim Wein – verbes-sert. Diese Gießarbeit des Teema-chers, der den Tee über einen bis an-derthalb Meter von der einen Hand zur anderen schüttet, bedarf einiger Übung. **Kaffee und Tee** in solchen Lä-den können sehr süß ausfallen, da stark gezuckerte Kondensmilch bei-gemischt wird. Nützlich sind folgende

Trink Dir den Tiger in den Tank!

Singapur hat seine eigene **Biermarke** namens „Tiger Beer" – nun ja, wie könnte sie in dieser Stadt der Löwen und Tiger schon anders heißen. Das Bier kann sicher auch europäische Bierliebhaber zufrieden-stellen. Immerhin wird die Hälfte der Pro-duktionsmenge exportiert. Die Tiger-Brau-erei (APBS) kann wochentags in Touren besichtigt werden. Kostenpunkt ca. 10 €, Jugendliche unter 18 Jahren 6 €. Für das Eintrittsgeld kann man eine Menge Bier probieren (nicht für Personen unter 18 J.).
> **Asia Pacific Breweries,** 459 Jalan Ahmad Ibrahim, Jurong Industrial Estate, Singapore 639933, MRT: Joo Koon, dann weiter mit Bus Nr. 182 oder 182M, Tel. 68603005, www. tigerbrewerytour.com.sg, Führungen um 10, 11, 13, 14 und 16 Uhr. Vorbu-chung nötig. Bei Besuch ist der Reise-pass vorzulegen. Die Brauerei befindet sich weit im Westen der Stadt.

traditionelle Coffeeshop-Begriffe aus dem Malaiischen:
> *Kopi/Teh* = Kaffee/Tee mit süßer Kondensmilch
> *Kopi-c/Teh-c* = Kaffee/Tee mit ungesüß-ter Milch (das „c" stammt von der Dosen-milch Carnation, die früher meist benutzt wurde)
> *Kopi-o/Teh-o* = Kaffee/Tee ohne Milch, aber mit Zucker
> *Kopi-o-kosong/Teh-o-kosong* = Kaffee/Tee ohne jeglichen Zusatz (*kosong* = Null)

Gastro- und Nightlife-Areale

Bläulich hervorgehobene Bereiche in den Karten kennzeichnen Gebiete mit einem dichten Angebot an Restaurants, Bars, Klubs, Discos etc.

Geliebt, gehasst, verboten: die Durian

Als „Königin der Früchte" wird sie oft bezeichnet - die grüne bis gelbe oder braune, kiloschwere Durian, die mit ihren Stacheln ein bisschen wie eine missgestaltete, überdimensionale Handgranate aussieht. Betrachtet man den Theaterkomplex Theatres on the Bay ⑬, so wird offensichtlich, dass der Architekt sich durch diese Stachelfrucht hat inspirieren lassen.

In ihrer Heimat Südostasien **genießt die Frucht Kultstatus** - der Geschmack des cremig-gelben Fruchtfleisches ist extrem, entweder man hasst oder man liebt das kleine Ungetüm.

Wie schmeckt sie nun? Wie Nougat mit verfaulter Eiercreme? Oder Pudding mit Zwiebelgeschmack? Wie verrotteter Käse mit Fruchtaroma? Alles passt irgendwie. Vielseitig ist sie auch, die Durian, denn selbst als Kuchenfüllung oder für Eiscreme wird sie benutzt. Kommt die neue Ernte in die Läden, so treffen sich die Connaisseurs zur „Degustation" der frischen Ware.

Kaum umstritten ist **der penetrante Geruch** der Durian, den selbst ihre Liebhaber nicht schätzen, vor allem, wenn jemand anders die kostbare Frucht bei sich trägt. Sie riecht in etwa

wie ausströmendes Gas, und das auf weite Distanzen. Kein Wunder, dass ihre Mitnahme in öffentlichen Verkehrsmitteln, in Hotels und oft auch in Fahrstühlen verboten ist. Eines von Singapurs zahlreichen Verbotsschilder zeigt eine durchgestrichene Durian: kein Einlass für Stinkefrüchte.

Die Preise richten sich nach Jahreszeit, Qualität und Sorte („Wild Cat", „D24", „XO", „Mon Thong" = Goldkissen u. a.). Es gibt sie ab ca. 3 €/kg. Eine Qualitätsfrucht kann durchaus 15 bis 20 €/kg kosten. Wohl bekomms!

❾26 [D7] **101 Durian,** Chinatown Complex Food Centre, 335 Smith St., Chinatown, Singapore 050335, MRT: Chinatown. Beliebter Durian-Stand, an dem man sich seine stachelige Geliebte gleich aufschneiden lassen und sie auf Plastikstühlen sitzend verzehren kann.

❾27 [B2] **Four Seasons Durians Cafe,** B207-3-2 Takashimaya Food Hall, Takashimaya Shopping Ctr., 391 Orchard Rd., Singapore 238873, MRT: Somerset, Orchard, Tel. 67347087, www.fourseasons-durians.com; Zweigstellen in Vororten. Stadtbekanntes Geschäft mit vielerlei aus der Durian hergestellten Nascherein: Durian-Kuchen, -Crêpes, -Pudding, -Bonbons u. a.

◗28 **Udders,** 246D Upper Thompson Rd., Singapore 574370, Tel. 64520803, www.udders.com.sg, So–Do 12–1 Uhr, Fr, Sa und vor Feiertagen 12–2 Uhr, Zweigstellen in Vororten. Gourmet-Eiscafé, dessen permanenter Bestseller das Eis aus der Top-Durian-Sorte „Cat Mountain King" (Mao Shan Wang) ist.

Empfehlenswerte Lokale

Singapur hat so viele ausgezeichnete Restaurants aller erdenklichen Geschmacksrichtungen, dass jeder Versuch, dem Thema auf ein paar Seiten gerecht zu werden, zum Scheitern verurteilt ist. Die folgenden Vorschläge dienen der Anregung, aber mit etwas lukullischem Mut lässt sich auch gut auf eigene Faust auf Entdeckungsreise gehen.

Die Singapurer sind begeisterte Esser und probieren alles aus, aber am Ende sind sie auch sehr wählerisch: Von allen Restaurants, die neu eröffnen, schließen 70 % innerhalb von fünf Jahren wieder.

Chinesisch

29 [E4] **Chef Chan's Restaurant** €€€, 01–06 National Museum of Singapore, Stamford Rd., Singapore 178897, Tel. 63330073, www.chefchanrestaurant. com.sg, Mo–Sa 11.45–14.30 Uhr und 14.15–22.15 Uhr. Intimes kantonesisch-chinesisches Restaurant mit nur sieben Tischen, umgeben von kostbaren chinesischen Antiquitäten. Eines der exklusivsten Essenerlebnisse, die es in Singapur gibt. Vorbestellung empfohlen. Die Preislage ist hoch, aber schon relativ preiswert für 30 bzw. 40 € gibt es Lunch-Menüs mit sieben Gängen.

30 Jumbo Seafood €€, 010-07/08 East Coast Seafood Centre, 1206 East Coast Parkway, Singapore 449883, Tel. 6442345, www.jumboseafood.com.sg, Mo–Sa 17–23.45 Uhr, So u. Fei 12–24 Uhr. Hervorragende *Chili Crabs* und generell ausgezeichnetes Seafood in

◁ *Körbeweise stacheliger Genuss: Der Anblick der Durian lässt bei vielen Südostasiaten das Wasser im Mund zusammenlaufen*

beschaulicher Lage am East Coast Park. Eine Filiale gibt es am Clarke Quay, wo man romantisch draußen am Singapore River speisen kann (30 Merchant Court, 01–01/02 Singapore 058282, Tel. 65323435, tgl. 12–15 u. 18–24 Uhr).

31 [D7] **Lee Kui (Ah Hoi) Restaurant** €€, 8/9/10 Mosque St., Singapore 059488, Tel. 62223654. Authentische Cuisine aus der chinesischen Teochew-Region in einem typischen Restaurant alten Stils, ohne Schnörkel, einfach und funktional. Besondere Leckerbissen sind die kalten Krebsgerichte (daher das Krebssymbol auf der Reklame) und die glasierten Enten oder Seegurken. Oft gut besucht.

32 [hi] **Long Beach Seafood** €€, 1218 East Coast Parkway, Singapore 449883, www.longbeachseafood.com.sg, Tel. 64458833, Mo–Fr, So 11–15 Uhr u. 17–0.15 Uhr, Sa und vor Feiertagen bis 1.15 Uhr. Sehr beliebt sind hier die *Chili Crabs*.

33 [C7] **Majestic Restaurant** €€€, New Majestic Hotel, 31–37 Bukit Pasoh Rd., Singapore 089845, Tel. 65114718, MRT: Outram Park, Chinatown, www.restaurantmajestic.com, 11–15 Uhr und 18.30–23 Uhr. Moderne kantonesische Küche eines preisgekrönten Chefkochs, dazu mit einer guten Weinkarte und in einem außergewöhnlichen Hotel (s. S. 125) gelegen. Eines der besten chinesischen Restaurants in Chinatown.

34 [G5] **My Humble House** €€€, 8 Raffles Ave., 02–27/29 Esplanade Mall, Sin-

gapore 039802, Tel. 64231881, www.
myhumblehouse.com.sg, 11.45–15
Uhr und 18.30–22.30 Uhr. Als eines
der „besten 100 Restaurants der Welt"
preisgekrönter Gourmettempel mit
moderner chinesischer Küche, beileibe
nicht billig (ca. 40–50 €/Pers.), aber
jeden Cent wert. Die Gerichte haben
gelegentlich einen leicht westlichen
Einschlag, z. B. die von Champagner-
Mousse umhüllten frittierten Austern.

35 [C6] **Red Star Restaurant** €, Block
54, 07–23 Chin Swee Rd., Singa-
pore 160054, MRT: Chinatown, Tel.
65325266. Traditionelles Dim-Sum-
Restaurant, eine Institution in Chinatown, immer gut besucht und laut. Dim
Sum sind eine Art chinesische Knödel
und werden wie traditionell üblich von
Schiebekarren aus serviert. Dazu gibt es
aber auch Garnelen- oder Krabbenge-
richte und leckere kleine Süßspeisen.

36 [A2] **Taste Paradise** €€€, 2 Orchard
Turn, 04–07 ION Orchard, Singa-
pore 238801, MRT: Chinatown, Tel.
65099661, www.paradisegroup.com.
sg, Mo–Fr 11.30–15 Uhr und 18–23
Uhr, Sa, So und feiertags 11–16.30 Uhr
und 18–23 Uhr. Stilvolles Restaurant mit
raffinierter chinesischer Küche, u. a. mit
sehr guten Meeresfrüchten. Sehr beliebt
ist die Haifischflossensuppe.

37 [D7] **Tian Tian Hainanese
Chicken** €, Maxwell Food Centre
(Stand Nr. 10/11), Maxwell Rd./Ecke
South Bridge Rd., Tanjong Pagar, China-
town, Singapore 069184, MRT: Tanjong
Pagar, Chinatown, Di–So 11–20 Uhr.
Sehr guter *Chicken Rice*.

Deutsch

38 [F4] **Brotzeit** €€, 252 North Bridge
Rd., 01–17 Raffles City Shopping Ctr.,
Singapore 179103; MRT: City Hall, Tel.
68831534, www.brotzeit.co, Mo–Fr
12–24 Uhr, Sa, So und vor Feiertagen
12–1 Uhr, Zweigstellen in VivoCity Mall,

313@Orchard und 126 East Coast Rd.,
Katong. Die deutsche Restaurantkette
ist bei Einheimischen sehr beliebt, was
zum Teil auf dem leckeren Paulaner Bier
beruht, das hier ausgeschenkt wird.

39 [D7] **Erich's Wuerstelstand** €,
01–52, Stall Nr. 5, K88 Coffee House,
Block 5 Banda St., Singapore 050005,
Tel. 96274081, www.wuerstelstand.
blogspot.com, 11–21 Uhr. „Die letzte
Würstchenbude vor dem Äquator" nennt
sich der von einem Österreicher gegrün-
dete Würstchenstand auch, eine kulina-
rische Überraschung in Chinatown. Für
ca. 4 € kann man Bratwurst und Sauerkraut genießen, dazu weitere heimatliche
Imbisse, z. B. sehr leckere Backwaren.
Singapurer können den Namen nicht
aussprechen, was viele aber nicht vom
Genuss abhält.

Französisch

40 [G4] **Gunther's** €€€, 36 Purvis St.,
01–03, Singapore 188613, MRT: City
Hall, Tel. 63388955, www.gunthers.
com.sg, 12–15 Uhr und 18.30–22.30
Uhr. Meisterhafte moderne französische
Küche, kredenzt vom belgischen Chef-
koch Gunther Hubrechsen. Dazu eine
Champagnerbar und eine Weinkarte
mit 350 Weinen. Auch vegetarische
Gerichte. Vorbuchungen sind ratsam.

41 [ei] **TFS Bistrot** €€, 344 Serangoon Rd.,
Singapore 218166, MRT: Farrer Park, Tel.
62993544, www.tfsbistrot.com, Di–So
15–18 Uhr (nur Desserts und Drinks),
18–22 Uhr (Dinner). Das preiswerteste
französische Restaurant der Stadt, ausnahmsweise auch ohne Klimaanlage,
aber mit dem formellen Ambiente eines
Bistros. Keine Haute Cuisine, dafür solide
französische Hausmannskost.

▷ *Perfekte Einstimmung fürs
Dinner: Abenddämmerung am
Riverside Point, Clarke Quay (s. S. 25)*

Indisch

42 [F1] **Kailash Parbat** ^{€€}, 3 Belilios Rd., Singapore 219924, MRT: Little India, Tel. 68365545, www.kailashparbat.com.sg. 2010 eröffnetes Restaurant, gleich rechts neben dem Veerama Kaliammam Temple gelegen, ein Ableger eines sehr bekannten Restaurants in Mumbai. Geboten wird die (vegetarische) Küche der Provinz Sindh im heutigen Pakistan. Köstlich – aber auch gefährlich für die schlanke Linie. Dazu gibts sehr gute Süßspeisen. Eine neuere Zweigstelle, mit dem gleichen guten Essen, befindet sich an der Syed Alwi Rd. gegenüber dem Mustafa Centre (s. S. 27).

43 [F2] **Komala Vilas** [€], 76/78 Serangoon Rd., Singapore 217981, MRT: Little India, Tel. 62936980, www.komalavilas. com.sg. Legendäres südindisches Restaurant, mit Gemüse- und Reisplatten zum Niedrigstpreis, dazu südindische Klassiker wie *masala dosa* (Teigfladen mit würziger Gemüsefüllung) oder *idli* (Reiskuchen, serviert mit Chutneys und Soßen). Eine Zweigstelle befindet sich ein paar Schritte entfernt in der Buffalo Rd. und hier gibt es die *dosas* einzigartigerweise auch zubereitet aus Vollweizen-

mehl oder aus *ragi,* einer Art nahrhafter roter Hirse.

44 [F2] **Madras New Woodlands** [€], 14 Upper Dickson Rd., Singapore 207474, MRT: Little India, Tel. 62971594, 7.30–23.30 Uhr. Alteingesessenes, rein vegetarisches südindisches Lokal mit sehr schmackhaften Thalis. Dazu auch kleinere Imbisse und indische Süßigkeiten.

45 [G1] **Raj Restaurant** ^{€€}, 76 Syed Alwi Rd., Singapore 207655, MRT: Farrer Park, Tel. 62971716, www.rajrestaurant. com.sg, 11–23 Uhr. Zweigstelle eines Restaurants in Kolkata mit nordindisch-vegetarischem Essen, sehr gut und exakt so, wie man es in Indien bekommen würde. Ein einziges Gericht kann schon sättigend sein. Am Wochenende muss man manchmal warten, da die Gäste abends schon mal Schlange stehen.

46 [ei] **Tandoori** ^{€€}, 01–26 Serangoon Plaza, 326 Serangoon Rd., Singapore 218108, MRT: Farrer Park, Tel. 62942232, 8–10 u. 11–23.30 Uhr. Großes, funktional eingerichtetes Restaurant mit sehr guten nordindischen Fleisch- und auch vegetarischen Gerichten. Sehr lecker ist das *Paneer Palak,* ein würziges Spinatgericht mit Frischkäsebrocken.

Italienisch

47 [F4] **Garibaldi** €€€, 36 Purvis St., 01–02, Singapore 188613, Tel. 68371468, www.garibaldi.com.sg, 12–15 Uhr und 18.30–23 Uhr. Hochklassige italienische Küche mit köstlichen Nachspeisen und einer langen Weinkarte. Die spezielle Gourmetspeisekarte bietet einige originelle Fusionen aus italienischer und chinesischer Küche. Hohe Preisklasse, ab ca. 40 €.

48 [C7] **Oso Ristorante** €€€, 46 Bukit Pasoh Rd., Singapore 089858, Outram Park, Tel. 63278378, www.oso.sg. Fabelhaftes italienisches Restaurant, dem ein französisches Restaurant angeschlossen ist (Absinthe), eine Bar (Baretto) und ein Zigarrenzimmer; dazu gibt es ein Käsezimmer, in dem seltene oder hochgereifte Käse gekostet werden können. Es stehen einige Hausklassiker auf der Speisekarte, darunter *Saffran Taglioni with Braised Monkfish Cheek* – klingt so gut, wie es schmeckt.

49 [F4] **Trattoria Lafiandra** €€, 71 Bras Basah Rd., Singapore 189555, Tel. 68844035, www.lafiandra.com.sg, MRT: Bras Basah, tgl. 11.30–15 und 18–23 Uhr. Großartige traditionelle italienische Küche mit all den Klassikern von Pizza über Gnocchi bis zu Fischgerichten, in bester Lage gleich links neben dem Eingang zum Singapore Art Museum.

International/Fusion

50 [D5] **Brewerkz** €€, 0–05/06 Riverside Point, Clarke Quay, Singapore 058282, Tel. 64387438, MRT: Clarke Quay, www.brewerkz.com, Mo–Do & So 12–24 Uhr, Fr, Sa & vor Fei 12–1 Uhr. Restaurant mit Mini-Brauerei, deren Flüssigprodukt man nun fachmännisch antesten könnte. Zwar ist der Besitzer Amerikaner (ihm gehört fast der ganze Block), aber das Bier ist trotzdem gut …

51 [D5] **Cafe Iguana** €€, 01–03 Riverside Point, Clarke Quay, Singapore 058282, MRT: Clarke Quay, www.cafeiguana.com, Mo–Do 16–1 Uhr, Sa 12–3 Uhr, So 12–1 Uhr. Gutes mexikanisches Essen und dazu eine tödlich-gefährliche Auswahl an Tequilas und Margaritas, das alles ganz romantisch am Singapore River gelegen.

52 [bi] **Halia** €€€, 1 Cluny Rd., Ginger Garden, Singapore Botanic Gardens, Singapore 259569, Tel. 64766711, www.halia.com.sg, 12–17.30 Uhr und 18.30–22.15 Uhr, an WE oder vor Feiertagen bis 23 Uhr. Mitten im Botanischen Garten gelegen, ist das Restaurant von so satter tropischer Vegetation umgeben, dass man es gar nicht leicht findet. Vom Gourmetmüsli bis zu Kaviar und Shrimpsgerichten, alles hat einen eigenen Touch. Dazu außergewöhnliche Fruchtcocktails wie z. B. den Hausklassiker Ginger Jive mit frischem Ingwer (*Halia* ist Malaiisch für Ingwer). Das Restaurant ist ein Erlebnis.

53 [dk] **Tippling Club** €€€, 38 Tanjong Pagra Rd., Singapore 088461, Tel. 64752217, www.tipplingclub.com, MRT: Tanjong Pagar. Fine Dining in allerhöchster Qualität, das bietet der Tippling Club, von erlesenem japanischen Rindfleisch (Wagyu) bis zu Foie Gras. Wer relativ preiswert von mehreren Speisen kosten möchte, ist gut mit dem „Tasting Menu" bedient, quasi einer Speisekarte für Testesser. Ein paar vegetarische Gerichte gibt es auch, dazu Cocktails und eine Weinkarte mit erlesenem Rebsaft – mit 100 € pro Flasche spielt man da noch in der unteren Liga mit.

Malaiisch/Peranakan/Indonesisch

54 [dk] **Blue Ginger Restaurant** €€, 97 Tanjong Pagar Rd., Singapore 088518, MRT: Tanjong Pagar, Tel. 62223928, www.theblueginger.com, 12–14.30 Uhr und 18.30–22.30 Uhr. Urgemütliches Restaurant, angefüllt mit Kunstobjekten und Gemälden. Hier wird die Küche der

Peranakan oder Straits Chinese zelebriert, das chinesisch-malaiische Mischvölkchen, das seiner geringen Zahl zum Trotz diverse kulturelle Einflüsse hinterlassen hat. Das *Ayam Panggang,* Hühnerfleisch und *Drumsticks* (ein Gemüse) mariniert in Kokosmilch und Gewürzen, ist einer der Hausfavoriten.

55 [G2] **Sabar Menanti II** €, 747 North Bridge Rd., Singapore 198715, Tel. 62910109, 6–17 Uhr. Malaiisch-indonesische Seafood- und Reisgerichte, eines der beliebtesten Restaurants in diesem Metier. Der *Ikan Bakar,* ein Grillfisch, fällt besonders gut aus, ebenso *Rendang,* ein würziges Gericht aus Rindfleisch. Mittags wird es oft sehr voll. *Sabar Menanti* bedeutet etwa „in Geduld warten (… auf das Gute, das da kommt)". Es kommt tatsächlich.

56 [G2] **Zam Zam** €, 699 North Bridge Rd., Singapore 188061, MRT: Bugis, Tel. 62987011, 7–23 Uhr. Über 100 Jahre altes Restaurant, klein und unscheinbar, aber eines der besten für traditionelle malaiische Hausmannskost. Spezialität sind die *Murtabak,* eine Art Pfannkuchen, der mit würziger Rindfleisch-, Huhn- oder Gemüseeinlage gefüllt ist, dazu *Roti Paatha,* einfache Fladenbrote, die mit einer Auswahl von Currys und Soßen gegessen werden. Absolut preiswert dazu: Es ist schwer, 5 € auszugeben.

Thailändisch

57 [ei] **Golden Mile Complex** €, 5001 Beach Rd., Singapore 199588, MRT: Nicoll Highway, Tel. 62916945, 10–22 Uhr. Zwar gibt oc viele Thai-Restaurants in der Stadt, hier kommt man aber preislich am besten weg – und vielleicht am authentischsten. Golden Mile ist der Treffpunkt der thailändischen Gastarbeiter in Singapur, hier stehen zahlreiche, sehr preiswerte Essensstände zur Auswahl, vor allem mit der Küche aus dem Nordosten Thailands. Dazu sind hier einige Reisebüros angesiedelt, die preiswerte Flug- und sogar Bustickets nach Thailand verkaufen.

Vegetarisch

58 [D5] **Annalakshmi Restaurant,** 01–04 Central Square, 20 Havelock Rd., (Zugang von der Angus St.) Singapore 059765, MRT: Chinatown oder Clarke Quay, Ausgang B, www.annalakshmi. com.sg, Tel. 63399993, 11–15 Uhr und 18–21.30 Uhr, Fr/Sa abends nur Buffet. Sensationelles südindisches Restaurant, smart und klassisch-indisch zugleich, es gibt keine Preisliste, man bezahlt so viel, wie man meint, dass das Essen wert war. Das Restaurant gehört 50 Hindu-Familien, die sich der Verbreitung vegetarischer Küche und indischer Kunst verschrieben haben. Die kleine Filiale Annalakshmi Janatha befindet sich in der Amoy St. in Chinatown (MRT: Tanjong Pagar, Tel. 62230809, Mo–Sa 11–16 Uhr).

59 [F1] **Cafe Salivation** €€, 176 Race Course Rd., Singapore 218607, Tel. 62981412, MRT: Farrar Park, www. cafesalivation.com, tgl. 11–23 Uhr. Kleines Restaurant, das der indischen Raj-Kette angehört (siehe Raj Restaurant, S. 37), mit ausgezeichneten vegetarischen italienischen und auch mexikanischen Gerichten. Besonders gut ist die Lasagne mit Sojafüllung.

60 [F2] **Gokul Restaurant** €€, 19 Upper Dickson Rd., Singapore 207478, MRT: Little India, Tel. 63967769, 11–23 Uhr. Blitzesauberes, modernes indisches Restaurant, mit ausgezeichneten indischen Gerichten und auch lokalen malaiischen oder chinesischen Spezialitäten. Bei Letzteren wird Sojafleisch als Fleischersatz eingesetzt. Die indischen Gerichte fallen aber besonders gut aus und das Lokal ist oft proppevoll und sehr laut.

61 [E6] **Genesis Vegetarian Health Food Restaurant** €, 1 Lorong Telok, Singapore

049014, Tel. 64387118, www.genesis healthfood.blogspot.com, MRT: Raffles Place, So–Fr 11–20 Uhr. Schlichtes Lokal, das aus einem christlichen Benefiz-Projekt entstanden ist, mit leckeren vegetarischen chinesischen Gerichten, Salaten, Obstsäften u. a. Die Hausspezialität sind die köstlichen *Dumplings* (Klöße) mit Sojafüllung.

62 [F3] **Kwan Im Vegetarian Restaurant** €€, 190 Waterloo St., Singapore 187965, MRT: Bugis, Tel. 63382394, www.seahotel.com.sg, 8.30–20.30 Uhr. Leckere und leichte chinesische vegetarische Kost, gleich neben einem der populärsten chinesischen Tempel (Kwan Im Tong Hood Cho **29**) gelegen.

63 [D7] **Well-Dressed Salad Bar & Cafe** €€, 282 South Bridge Rd., Singapore 058831, Tel. 65347787, MRT: Chinatown, 10.30–21.30 Uhr. Sehr leckere, originelle Salate (man versuche den „Oriental Express Salad"), chinesisch inspirierte Gerichte, ein köstlicher warmer Pasta-Salat und sogar der Kaffee schmeckt ausgezeichnet. Der Besitzerfamilie gehört auch das gleich darüber gelegene, ebenfalls ausgezeichnete chinesische **Eight Treasures Vegetarian Restaurant.**

› Zahlreiche indische Restaurants sind vegetarisch ausgerichtet oder bieten viele vegetarische Gerichte an. Infos für Vegetarier unter www.vegetarian.sg.

Hawker Centres

Hawker Centres sind Food-Center mit preiswerten Essensständen diverser Cuisinen und auch Getränkeständen. Die Hawker Centres sind die **Nachfolger der Straßenstände und Straßenmärkte,** die ab den 1980er-Jahren vom Bürgersteig verbannt und sozusagen unter Dach und Fach gebracht wurden. Die meisten Hawker Centres

sind laut und turbulent, man kann hier jede Menge Lokalkolorit einfangen. Einige bekannte Centres:

64 [F7] **Lau Pa Sat Festival Market,** 18 Raffles Quay, MRT Raffles City. 1894 erbauter Markt mit verschlungenen gusseisernen Ornamenten und Verstrebungen, dazu ächzende Ventilatoren. Es ist das vielleicht romantischste Hawker Centre der Stadt, mitten im Bankenviertel gelegen.

65 [F2] **Tekka Hawker Centre,** Serangoon Rd./Ecke Buffalo Rd., MRT: Little India. Preisgünstig und ein bisschen chaotisch, aber auch seit Jahrzehnten unabkömmlicher Bestandteil von Little India. Eigentlich heißt es Zhujiao Centre, nur nennt es niemand so. Der alte Name *Tekka* stammt aus dem Chinesischen, bedeutet „junger Bambus" und hat sich im Volksmund fest verankert.

66 [D7] **Chinatown Complex Hawker Centre.** Smith St./Ecke New Bridge Rd., MRT: Chinatown. Eine nicht sonderlich ansehnliche Verkaufshalle, aber das Hawker Centre wartet mit ausgezeichneten chinesischen Speisen auf.

Cafés, Bäckereien und Sonstiges

67 [ei] **Chye Seng Huat Hardware (CSHH) Coffee Bar** €€, 150 Thyrwitt Rd., Singapore 207563, Tel. 63960609, www.cshhcoffee.com, MRT: Lavender, Di–Fr 9–19 Uhr, Sa/So 9–22 Uhr. Dies ist Singapurs derzeit wohl angesagtestes „Hipster"-Café, das schon gleich zu Anfang mit einem Clou aufwartet. Das Café ist als solches von außen gar nicht zu erkennen. Es ist nicht ausgeschildert und man muss ein tristes Eisentor links des Gebäudes passieren und erst dann gelangt man ins Café. Der Name ist an die benachbarten rumpligen Läden angelehnt, die Eisen- und Metallwaren veräußern. Innen ist CSHH allerdings schick und modern, der Kaffee ist sehr

gut – zumindest wenn ihn der richtige Barista gemacht hat. Nebenher gibt es Backwaren und warme Speisen (bis 17 Uhr). Relativ hohe Preise.

○**68** [H3] **Dong Po Colonial Cafe** €, 65 Kandahar St., Singapore 198904, Tel. 62981318, MRT: Bugis, tgl. 9.30–20.30 Uhr. Gemütliches kleines Café in Kampong Glam, das sich passend zu seinem leichten Retro-Look mit Bildern des alten Singapur schmückt. Es gibt sehr preiswerten Kaffee und Tee und leckere Kuchen, Quiches und andere Backwaren.

❶**69** [E3] **Rochor Beancurd** €, 2 Short St., Singapore 188216, MRT: Little India, Tel. 63341138, 12–24 Uhr. Hier gibt es chinesische Spezialitäten wie Snacks und Süßspeisen aus Tofu *(bean curd)*. Die Konsistenz des Tofu fällt im Rochor Beancurd besonders zart aus, er zergeht förmlich im Mund. Dazu gibt es kleine Eiertörtchen und andere Süßspeisen. An den Wochenenden ist es oft gerammelt voll, Vorbestellungen sind aber sinnlos, dies ist ein Lokal ohne Starallüren.

○**70** [E4] **SOHO Coffee** €€, 36 Arminian St., Singapore179934, Tel. 66347977, MRT: Bras, Basah, City Hall, Mo 9–18 Uhr, Di–Fr 9–20 Uhr, Sa 10–20 Uhr, So 8–17 Uhr. Modernes kleines Café, in dem die Farben Schwarz und Weiß dominieren. Mit sehr gutem Kaffee, dazu Sandwiches und auch warme Speisen.

Weinlokale

❶**71** [E6] **Mag's Wine Kitchen** €€, 86 Circular Rd., Singapore 049438, MRT: Raffles Place, City Hall, Clarke Quay, Tel. 64383836, www.magswinekitchen. com, Mo–Fr 12–14 Uhr und 18–22 Uhr, Sa 18–22 Uhr. Charmantes kleines Bistro mit sehr guter französischer und europäischer Küche, dazu eine formidable

△ *Essen wie zu alten Zeiten: Der Lau Pa Sat Festival Market bietet einen pittoresken Gegensatz zu den moderneren Hawker Centres*

Nachthunger: Wo bekommt man rund um die Uhr etwas zu essen?

Das ist in Singapur kein Problem. **Kopitiam ist eine Kette von kleinen Food-Centern,** die teilweise 24 Std. geöffnet sind (nicht zu verwechseln mit der Kette Killiney Kopitiam). In den Centern finden sich Dutzende von Essensständen unterschiedlicher Küchen – von chinesisch bis indisch, malaiisch oder vietnamesisch – dazu Stände mit kalten und heißen Getränken, Obst, Süßspeisen u. a. Es gibt alles, was man braucht, und ist extrem preiswert dazu.

24 Std. geöffnet ist auch das **Newton Circus Hawker Centre,** das ebenso die typische Allroundpalette im Angebot hat. Das Centre ist sehr beliebt bei Ausländern. Gelegentlich versuchen die Angestellten ein wenig bei den Preisen zu mogeln, besonders wenn es um Meeresfrüchte geht, die nach Gewicht bezahlt werden.

Etwas stilvolleres Speisen versprechen **Cafe Vic** im Carlton Hotel und **Chatterbox** im Mandarin Orchard Hotel, beide haben rund um die Uhr geöffnet. Das Chatterbox ist ein guter Ort, um das singapurische Nationalgericht „Chicken Rice" zu probieren.

Ein stilvoller Neuzugang ist der 24 Std. geöffnete **Foodcourt in The Shoppes at Marina Bay Sands 10** in derselben unterirdischen Etage (Canal Level), auf der sich der Eingang zum Casino befindet. Das Ambiente ist nobel, die Preise sind entsprechend hoch.

Einige **Starbucks-Filialen** sind 24 Std. in Betrieb, so die Filialen im Raffles City Shopping Centre (s. S. 28) und an der Orchard Rd. neben Wheelock Place. Auch zahlreiche Bangladescher und indische Restaurants in der Nähe des Mustafa Centre (s. S. 27) sowie das **Open-Air-Coffee-Shop** des Mustafa Centre selbst haben 24 Stunden geöffnet.

72 [F4] **Cafe Vic,** im Carlton Hotel, 76 Bras Basah Rd./Ecke Victoria St., Singapore 189558, Tel. 63118195

73 [B3] **Chatterbox,** im Mandarin Orchard Hotel, 333 Orchard Rd., Singapore 238867, Tel. 68316291

74 [G6] **Foodcourt in The Shoppes at Marina Bay Sands,** Marina Bay Sands 10, Canal Level (MRT Level), 2 Bayfront Ave, Singapore 018956, MRT: Bayfront, Tel. 66888868, www.marina baysands.com

75 [E3] **Kopitiam,** Bencoolen St./ Ecke Bras Basah Rd. Die Filiale in der Bencoolen Street ist die am zentralsten gelegene. Auch die Filiale in 01–01 Golden Wall Centre, 89 Short St./Ecke Rochor Canal Rd. ist gut zu erreichen (www.kopitiam.biz).

76 [di] **Newton Circus Hawker Centre,** an der MRT-Station Newton gelegen, 143 Bukit Timah Rd., Singapore 229843, Tel. 63253251

027sl Abb.: rk

◁ *Wo die Kochplatte niemals kalt wird: Das Kopitiam an der Bencoolen Street hat 24 Stunden geöffnet*

Weinkarte, in der kleinen Straße hinter Boat Quay gelegen. Sehr zu empfehlen!

❼77 [D5] **Wine Connection Cheese Bar** €€€, 11 Unity Rd., Robertson Quay, Singapore 237995, Tel. 628381279, www.wineconnection.com.sg, MRT: Clarke Quay, tgl. 11.30–2 Uhr. Gleich neben der Wine Connection Cheese Bar befindet sich passenderweise ein Weinladen, in dem man sich die gewünschten Weine aussuchen kann. Diese werden dann – gegen eine Bedienungsgebühr – in der Cheese Bar ausgeschenkt. Abrunden kann man den Trinkgenuss mit einer Käseplatte oder warmen Gerichten. Wine Connection präsentiert ein tolles Konzept, eine gekonnte Kombination aus Weinladen und Restaurant. Die Weine können natürlich auch „nur so" zum Mitnehmen gekauft werden. Die Auswahl ist groß. Gleich ums Eck liegt die Wine Connection Tapas Bar & Bistro, in der Tapas neben dem Wein die Hauptrolle spielen. Wine Connection unterhält noch weitere Filialen, Adressen siehe Website.

❼78 [B5] **Wine Bar@Zouk** €€, 17 Jiak Kim St., Singapore 169420, MRT: Tiong Bahru, www.zoukclub.com, Tel. 67382988, Mo 18–1 Uhr, Di–Sa 18–3 Uhr. Schicke Weinbar mit guter Auswahl an Weinen, außerdem eine Vielzahl origineller Cocktails – beispielsweise ein Wodka, dem der Geschmack von Tom Yam untergemischt ist, einer brennendscharfen thailändischen Suppe.

❭ siehe auch **The Wine Company** (s. S. 96)

Lokale mit guter Aussicht

❶79 [F4] **Equinox Restaurant** €€€, Swissôtel The Stamford, 70. Stock, 2 Stamford Rd., Singapore 178882, MRT: City Hall, Tel. 68373322, www.swissotel.com/singapore-stamford, Lunch Mo–Sa 12.30–14.30 Uhr, Brunch So 11–14.30 Uhr, Dinner tgl. 18.30–23 Uhr, High Tea tgl. 15.30–

17 Uhr. Perfekte asiatische und europäische Küche, und das in 226 m Höhe. Fenster, die drei Stockwerke hoch sind, gewähren einen der besten Ausblicke in Singapur. Zu sehen sind der Padang, die Skyline der City, das Marina Bay Sands Hotel und selbst noch die entfernten Inseln Indonesiens. Dies ist ein idealer Platz zum Beobachten des Formel-1-Rennens im September, doch die Warteliste ist lang.

❼80 [F6] **Gallery & Bar at 1-Altitude** €€€, Level 63, 1 Raffles Place, Singapore 048616, www.1-altitude.com, Tel. 64380410, MRT: Raffles Place, tgl. 10–2 Uhr. Ein toller Deal: Man zahlt ca. 15 € Eintrittsgeld, bekommt dafür einen Cocktail und kann dazu vom 63. Stock des Gebäudes (Höhe 280 m) auf sämtliche Gebäude Singapurs hinabsehen. Selbst das Dach des Marina Bay Sands liegt noch ein paar Meter darunter und man sieht dessen großen Swimmingpool aus der Vogelperspektive (wenn auch in einigen hundert Meter Entfernung). Nebenbei unterhält ein DJ oder eine Liveband. Bei der Auffahrt muss im 61. Stockwerk in einen anderen Aufzug bis zum 63. Stock umgestiegen werden.

❶81 [G7] **Ku Dé Ta** €€€, 1 Bayfront Avenue, Marina May Sands, Singapore 018971, www.kudeta.com/singapore, Tel. 6887688, MRT: Bayfront, Mo–Fr 12–15 und 18–23 Uhr, Sa/So 10–15 und 18–23 Uhr. Wer nicht die Eintrittsgebühr zum Dach des Marina Bay Sands ❿ zahlen will, kann es auch anders machen: Einen Tisch im Ku Dé Ta auf dem Dach des Hotels buchen (kein Zugang ohne Vorbuchung) und bei einem dezenten Mahl den Ausblick über die Stadt genießen. Die Aussicht ist – wie nicht anders zu erwarten – spektakulär. Das Essen ist gut, aber nicht unbedingt Top-Klasse. Abends herrscht Kleidervorschrift, allzu legere Kleidung kann eine Abweisung nach sich ziehen.

Singapur am Abend

Wie Singapur selbst, so hat sich auch die Nightlife-Szene in den letzten Jahren ordentlich herausgemacht. Von Langeweile ist hier keine Spur. Die Schlusszeiten sind wochentags i. d. R. 1 oder 2 Uhr, an Wochenenden 3 oder 4 Uhr oder noch später. Ein paar Dutzend Klubs besitzen sogar eine 24-Stunden-Lizenz.

Während die Innenstadt mit vielen smarten, international orientierten Bars und Klubs aufwartet, so bieten sich in den Außenbezirken eher asiatische Unterhaltungsmöglichkeiten. **Karaokebars** sind sehr populär, vielleicht nicht zuletzt wegen der Hostessen. Singapur ist längst nicht so zugeknöpft, wie es in westlichen Medien oft dargestellt wird.

Bars, Pubs, Klubs und Discos

⊘82 [B2] **Bar None & The Living Room,** Marriott Hotel, 320 Orchard Rd., Singapore 238865, MRT: Orchard, Tel. 68314506, www.stjamespowerstation. com, Mo, Di, So 16–1, Mi–Sa 16–6 Uhr. In der Bar None spielen Bands unter anderem Salsa und The Living Room ist eine schicke Bar mit komfortablen Sofas und Kamin, dazu eine Tanzfläche und ein DJ spielt auf. Beide befinden sich im Marriott Hotel und sind sehr beliebt, nicht zuletzt, weil sie die Hälfte der Woche bis zum Morgengrauen geöffnet sind.

⊘83 [D5] **Beer Market,** 01–17/020–02 Clarke Quay, 3B River Valley Rd., Singapore179021, Tel. 96618283, www. beermarket.com.sg, MRT: Clarke Quay, So–Do 18–1 Uhr, Fr/Sa und vor Feiertagen 18–3 Uhr. Ein originelles Konzept verfolgt dieser „Biermarkt": Die Preise der angebotenen Biere aus aller Welt fluktuieren so als seien es Aktien – je mehr davon gekauft wird, desto teurer

Rotlicht über Singapur

Singapurs Image ist das eines puritanischen Ordnungsstaates, einer Gesellschaft ohne schlüpfrige Schattenzonen. Das Image entspricht, wie so oft in Singapur, nicht den Tatsachen.

Singapur besitzt eine erstaunlich große Prostitutionsszene. **Prostitution** *ist legal und in registrierten Bordellen erlaubt, wird von der Regierung insgesamt aber auf bestimmte Bereiche beschränkt und die Frauen müssen sich Gesundheitstests unterziehen. Straßenprostitution von Frauen, die sich mit einem „Social Visit Pass" in Singapur aufhalten, mit einem ganz normalen Touristenvisum also, ist verboten.*

Singapurs **bekannteste Rotlichtzone ist der Stadtteil Geylang** *[fi]. Von der Geylang Road zweigen in südliche Richtung zahlreiche „Lorong" oder Gassen ab, alle mit geraden Zahlen ausgestattet: Lorong 12, Lorong 14, Lorong 16 usw. Hier befinden sich zahlreiche legale Bordelle, in denen viele Frauen aus Thailand oder China arbeiten. In den Straßenzügen selbst warten oft Hunderte von „Freelancern", vor allem chinesische Frauen, auf Freier. Die Szene war in den letzten Jahren teilweise dermaßen ausgeufert, dass die Polizei nun verstärkt Razzien durchführt. Besonders wenn mal wieder ein großer Kongress oder eine andere internationale Veranstaltung ansteht, denn die Besucher sollen keinen schlechten Eindruck von der Stadt bekommen. Aufgrund der Polizeikontrollen sind viele Frauen nach Chinatown ausgewichen.*

Beinahe Weltruhm genießt **Orchard Towers** *in der Orchard*

Road ⑫, ein Gebäude, in dem etwa ein Dutzend Klubs und Discos untergebracht sind. Aufgrund der zahlreichen „Freelancer" wurde Orchard Towers mit den Beinamen „Four Floors of Whores" versehen – „Vier Stockwerke voller Huren".

Prostitution hat eine lange Tradition in Singapur. Als die Stadt Ende des 19. Jh. ihren ersten großen Wirtschaftsboom erlebte, zog es Abertausende männliche Einwanderer in die Stadt. Sie kamen vor allem aus China, zum Teil auch aus Indien und verdingten sich als Arbeiter oder Riksha-Zieher. Außerdem florierte der Hafen und zahllose Seeleute versammelten sich in den Spelunken von Tanjong Pagar. Die **Zuwanderung verschob das Geschlechterverhältnis** auf ein unnatürliches Maß – zu den extremsten Zeiten kamen auf eine Frau in Singapur 14 Männer. Kein Wunder, dass Zuhälter gute Verdienstmöglichkeiten witterten.

Frauen aus China und Japan füllten die Lücke. Die ersten japanischen Bordelle entstanden 1877 in der Malay Street, die heute vom Shoppingcenter Bugis Junction überbaut ist, wie auch die Hylam Street und Malabar Street. Man hat die alten Straßen zu Einkaufspassagen umfunktioniert und die früheren Namen beibehalten.

Ein paar Schritte nordöstlich der Malay Street liegt die einst **berühmtberüchtigte Bugis Street**, ehemals vielleicht Singapurs bekanntestes Rotlichtviertel (MRT: Bugis). Heute ist die Straße „saniert", nennt sich „New Bugis Street" [F3/G3] und erinnert bestenfalls noch mit dem einsamen Sexshop in der Einkaufsstraße an die verwegenen Zeiten.

Anfang des 20. Jahrhunderts gab es **über 100 japanische Bordelle in Singapur,** dazu noch Hunderte chinesische. Die Trengganu Street war japanischen Etablissements vorbehalten und die davon abzweigenden Sago Street, Smith Street, Temple Street, Pagoda Street u. a. beherbergten chinesische Bordelle.

Heute bilden diese Straßen das Herz des so hübsch renovierten touristischen Teils von **Chinatown** [D6/7] (MRT: Chinatown). Täglich flanieren Tausende von Touristen durch die Gassen, wohl ohne zu ahnen, was dort einst vor sich ging.

Auch über diesen Bereich hinaus war Chinatown vollgespickt mit den öffentlichen Häusern. Dass in der Umgebung auch reihenweise die Unterkünfte der Riksha-Zieher standen, konnte nur von Vorteil sein. **Kunden und Prostituierte waren praktisch Nachbarn.** Zahlreiche Bordelle befanden sich nahe dem Hafen im Bereich von Tanjong Pagar in Chinatown, heute so etwas wie das Schwulenzentrum von Singapur (MRT: Tanjong Pagar). Weitere Freudenhäuser lagen in der Keong Saik Road, in der sogar heute noch ein oder zwei kleine Bordelle aktiv sind. Die Etablissements sind völlig unscheinbar, für Eingeweihte aber an ihren roten Hausnummern zu erkennen. Opferschreine nahe der Tür erbitten den Segen der Götter.

❯ Zur Vertiefung sei das **Buch „Ah Ku and Karayuki-san"** von James Francis Warren empfohlen, eine detaillierte Studie über die ungeheure Rolle, die Prostitution im alten Singapur spielte (Verlag: OUP Australia and New Zealand).

werden sie. Auf einer Anzeigentafel kann man die Preise verfolgen und demnach seine Order platzieren. Gewiefte Börsianer kaufen dann, wenn der Preis ganz unten ist. Dazu gibt es Livemusik, Darts und Ende September wird sogar ein Oktoberfest gefeiert.

🜪**84** [G3] **Blu Jaz Cafe,** 11 Bali Lane, Kampong Glam, Singapore 189848, MRT: Bugis, Tel. 62923800, www.blujazz.net, Mo–Do 12–24 Uhr, Fr 12–2 Uhr, Sa 16–2 Uhr. Lässige Jazzbar im ohnehin lässigen Stadtteil Kampong Glam, mit Livemusik ab 21 Uhr und sehr preiswertem Essen.

🜪**85** [D7] **Breeze,** Scarlet Hotel, 33 Erskine Rd., Singapore 069333, MRT: Chinatown, Tel. 65113326, www.thescarlet hotel.com, Mo–Do 19–1 Uhr, Fr/Sa 19–2 Uhr. Open-Air-Bar auf dem Dach des Scarlet Hotels (s. S. 126), geschmackvoll mit viel Holz eingerichtet und mit weitem Blick über Chinatown. Mit langer Weinkarte, vielen exotischen Cocktails, Tapas u. v. m.

🜪**86** [E5] **Crazy Elephant,** Clarke Quay, 3E River Valley Rd., 01–02/04, Singapore 179024, MRT: Clarke Quay, Tel. 63377859, www.crazyelephant.com, So–Do 17–2 Uhr, Fr, Sa und vor Feiertagen 17–3 Uhr. Abends spielen tolle Rock- und Bluesbands, man kann drinnen oder am Fluss sitzen und ihnen zuhören. Niedrige Getränkepreise und entspanntes Ambiente.

🜪**87** [F4] **Insomnia,** 02–21 CHIJMES, 30 Victoria St., Singapore 187996, MRT: Bras Basah, City Hall, Tel. 63386883, www.liverockmusic247.com, 24 Std. geöffnet. Tagsüber ist es einfach ein gutes Restaurant – aber abends geht die Post ab, die beiden Hausbands spielen mitreißende Rockmusik. Einer der besten Klubs in Singapur, sehr beliebt bei den hier lebenden Ausländern und ein absolutes Muss auf dem Partyprogramm.

🜪**88** [F4] **Loof,** 03–07 Odeon Towers, 331 North Bridge Rd., Singapore 188720, City Hall, Tel. 63388035, www.loof. com.sg, So–Do 17.30–1.30 Uhr, Fr/Sa 17.30–3 Uhr. Exzentrische Dachbar, mit nonkonformistischer, künstlerischer Klientel, dazu guter Ausblick auf die Hochhäuser der Stadt und das benachbarte Raffles Hotel. Der größte Teil der Bar ist nicht überdacht, aber das macht nichts, denn wenns regnet, gibts zwei Drinks für den Preis von einem.

🜪**89** [F4] **New Asia Bar,** 71/F Swissôtel, The Stamford, 2 Stamford Rd., Singapore 178882, MRT: City Hall, Tel. 68373322, www.equinoxcomplex.com, Mo–Mi, So 15–1 Uhr, Do 15–2 Uhr, Fr/Sa 15–3 Uhr. Smarte Bar im 71. Stock des Swissôtel, das an absolut privilegierter Stelle steht. Die Aussicht auf die Stadt ist grandios und wenn die Drinks die Euphorie noch ein wenig gesteigert haben, kann man sich auf der kleinen Tanzfläche vergnügen.

🜪**90** [G5] **Paulaner Brauhaus,** 01–01 Tone Sq., Millenia Walk, 9 Raffles Ave., Singapore 039536, MRT: Esplanade, Tel. 68832572, www.paulaner-brauhaus.

Smoker's Guide

Singapur ist eher **raucherunfreundlich.** Einstige Pläne, die vorsahen, öffentliches Rauchen gänzlich zu verbieten, wurden jedoch verworfen. Zigaretten sind sehr teuer, ca. 6 bis 9 € das Päckchen, je nach Sorte. Rauchen ist in allen klimatisierten Räumen verboten (auch in Pubs und Discos), in allen Verkehrsmitteln und öffentlichen Toiletten, in Warteschlangen an Taxiständen und ebenso an Bushaltestellen oder Swimmingpools, wenn sich dort mehr als 2 Personen aufhalten. In vielen besseren Hotels kann man Raucher- und Nichtraucherzimmer buchen.

com, Mo–Fr 12–14 und 18.30–22.30 Uhr, Sa 18.30–22.30 Uhr, So 11.30–14.30 und 18.30–22.30 Uhr. Paulaner-Bier und deutsche und internationale Speisen in informellem Ambiente. Sonntags wird von 11.30 bis 14.30 ein Brunch geboten, zu dem unbegrenzt das Bier fließt (Preis insgesamt ca. 30 €). Wenn in München Oktoberfestzeit ist, wird auch hier speziell gefeiert. Eine neuere **Filiale von Paulaner** befindet sich in einer der überdachten Gassen von Clarke Quay, in 3B River Valley Rd., Singapore 179021, Tel. 63380480, www.paulaner-clarkequay.com, Mo–Do 17–2 Uhr, Fr–So 17–4 Uhr.

91 [F6] **Post Bar,** Fullerton Hotel, 1 Fullerton Sq., Singapore 049178, MRT: Raffles Place, Tel. 67338388, www.fullertonhotel.com, Mo–Fr 12–2 Uhr, So 15–2 Uhr, Sa 17–2 Uhr. Gediegene Bar mit dezent beige gestrichenen Wänden, einem vornehmen hohen Dach und ebenfalls gehobenen Preisen. Sonntags gibts von 15 bis 18 Uhr „The Great Sunday Post", ein Seafood-Essen mit Wodka bis zum Abwinken. Gutes Ambiente und großartiger Ausblick auf Marina Bay und den Singapore River.

92 [F2] **Prince of Wales,** 101 Dunlop Street, Little India, Singapore 209420, MRT: Little India, Tel. 62990130, www.pow.com.sg, tgl. 9–24 Uhr. Legerer Backpacker-Pub mit australischem Touch, australischem Bier und den aus Down Under nicht wegzudenkenden Barbecues. Abends spielt eine Band.

93 [C3] **Que Pasa,** 7 Emerald Hill Rd., Orchard Rd., Singapore 229291, MRT: Somerset, Tel. 62356626, www.emeraldhillgroup.com, Mo–Do, So 18–2 Uhr, Fr/Sa 18–3 Uhr. Lockere, spanisch inspirierte Wein- und Tapasbar mit umfangreicher Weinkarte. Es gibt auch Pizzen und andere Gerichte, sehr beliebt sind die Chicken Wings. Gelegen zwischen zwei anderen Bars bietet sich hier eine größere Feierzone in dieser so nett restaurierten kleinen Straße.

94 [cl] **St. James Power Station,** 3 Sentosa Gateway, Singapore 098544, MRT: HarbourFront, Tel. 62707676,

Romantischer Treffpunkt: der Singapore River an der Cavenagh Bridge **3**, *das Fullerton Hotel (s. S. 126) im Hintergrund*

www.stjamespowerstation.com, Öffnungszeiten je nach Klub unterschiedlich, ca. 18/20–5 Uhr, einige haben nur Mi, Fr und Sa geöffnet. Ein umfunktioniertes Kohlekraftwerk aus dem Jahre 1927, in dem heute mehrere Klubs und Discos die Trinkfreudigen oder die Tanzlustigen in Bewegung bringen. Die Amüsierfläche umfasst ca. 6500 qm, genug Platz für vielerlei Geschmacksrichtungen. Es gibt insgesamt neun Klubs. Im „Boiler Room" bringt Livemusik den Raum zum Kochen und im „Dragonfly" wird enthusiastischer China-Pop zum Besten gegeben. In der „Gallery Bar" lässt es sich relaxed ein paar Drinks genießen und von ihrem zweiten Stock aus ergibt sich ein unerwarteter Ausblick auf alle Klubs im Haus. Im „Movida" werden afrikanische, karibische oder orientalische Klänge geboten. Das „Powerhouse" ist der größte Klub im St. James, er protzt sowohl mit industriellem Design als auch mit innovativer Technik. Beliebter Gay-Treff. Für jeden ist hier etwas dabei. Eintrittspreise für die Klubs jeweils ab ca. 10 €.

🌀**95** [D5] **The Pump Room,** The Foundry 01–09/10, Clarke Quay, River Valley Rd., Singapore 179021, MRT: Clarke Quay, Tel. 63342628, www.pumproomasia.com, So–Do 11–3 Uhr, Fr/ Sa 11–5 Uhr. Mini-Brauerei mit gutem Essen, Di–So ab 22.45 Uhr mit Livemusik, Pop, Rock oder Jazz. An den Wochenenden kann man fast bis zum Morgengrauen feiern.

🌀**96** [B5] **Zouk,** 17 Jiak Kim St., Singapore 169420, Tel. 67382988, www.zoukclub.com, Mi, Fr, Sa 19–3 Uhr. Singapurs bekanntester Klub, der in der Dance-Szene oft sogar als einer der besten der Welt bezeichnet wird. Zouk bietet 2000 Leuten Platz, die zeitweise von weltbekannten DJs unterhalten werden. Oft gibt es spezielle Events. Angeschlossen sind die Klubs „Phuture" (Hip-Hop) und „Velvet Underground" (Techno, Jazz, Soul, Funk, karibisch u. a.).

▷ *Bunte Kunst im Freien: Die Wandmalereien in der Haji Lane bieten sich bestens zum Fotografieren an*

▽ *Nachtleben kostenlos: Einfach nur so am Clarke Quay entspannen ist auch nicht zu verachten*

094si Abb.: rk

089si Abb.: rk

Singapur für Kunst- und Museumsfreunde

Kritiker warfen Singapur früher vor, eine kunst- und kulturlose Einöde zu sein, die nur zum Geldverdienen angelegt sei. Singapur hat sich die Kritik zu Herzen genommen und im letzten Jahrzehnt wurden zahlreiche Museen und Kunstakademien eröffnet. Die wichtigsten davon liegen innerhalb eines kleinen Bereiches von nur etwa einem Quadratkilometer, im sogenannten Museums District.

97 [F6] **Asian Civilisations Museum (ACM)**, 1 Empress Pl., Singapore 159557, Tel. 63322982, MRT: Raffles Place, www.acm.org.sg, tgl. 10–19 Uhr, Fr 10–21 Uhr, ca. 5 €, Kinder ca. 2,50 €, freitags 19–21 Uhr halber Eintritt. In einer Augenweide von einem Kolonialgebäude angelegt, verschreibt sich dieses Museum all den Kulturen, die Singapur beeinflusst haben. Es gibt eine südostasiatische Abteilung, eine westasiatische und eine chinesische, dazu eine „Singapore River Gallery" mit Exponaten über die frühen Einwanderer und Pioniere.

98 [G6] **ArtScience Museum**, Marina Bay Sands, 2 Bayfront Ave., Singapore 018956, MRT: Bayfront, Tel. 66888868, www.marinabaysands.com, 10–22 Uhr, letzter Einlass 21 Uhr, gelegentlich wegen Privatveranstaltungen geschlossen, Eintritt je nach Ausstellung 9–15 €, für Kinder die Hälfte. Der knospenartige, weiße Oberbau des Museums ist schon von Weitem quer über die Marina Bay zu sehen. Präsentiert werden Wanderausstellungen zu Kunst oder Wissenschaft.

99 [ak] **Gillman Barracks**, 9 Lock Rd., Singapore 108973, www.gillman barracks.com, je nach Galerie unterschiedliche Öffnungszeiten und Telefonnr. (s. Website), Bus Nr. 51, 57, 61, 93, 97, 97E, 100, 166, 175, 408, 408, 963, 963E, MRT: Labrador Park (ca. 1,5 km). Singapur weiß, was mit alten Gebäuden zu tun ist, und so wurden die ehemals britischen Gillman-Baracken, die britischen Soldaten zur Kolonialzeit als Unterkunft dienten, liebevoll restauriert und zu einem Kunstzentrum ausgebaut. Dieses beherbergt über ein Dutzend unterschied-

Singapur für Kunst- und Museumsfreunde

△ *Lebendig wirkende Figuren zeigen den Weg ins Peranakan Museum*

△ *Auffällig: das knallrote Red Dot Traffic Museum in Tanjong Pagar*

△ *Wohl bekomms: Die Figuren chinesischer Kulis am Singapore Art Museum langen beherzt zu*

licher Galerien westlicher und asiatischer Künstler, die hier ihre Werke präsentieren. Das Gelände ist ziemlich weitläufig, angeschlossen ist auch ein Restaurant.

🏛 **100** [F4] **MINT Museum of Toys,** 26 Seah St., Singapore 188382, MRT: City Hall, Tel. 63390660, www.emint.com, tgl. 9.30–18.30 Uhr, ca. 9 €, Kinder (2–12 J.) 4,50 €, Rabatte für Familien. Über 50.000 Ausstellungsstücke aus 25 Ländern, von Micky Maus bis zum deutschen Bären mit dem Knopf im Ohr. Dazu japanische Spielzeuge vom frühen 20. Jh. Anfassen gilt aber nicht, die Exponate sind nur zum Ansehen da. Während die Kinder alles betrachten, können die Eltern sich in der angeschlossenen Weinbar amüsieren.

🏛 **101** [E4] **National Museum of Singapore,** 93 Stamford Rd., Singapore 178897, MRT: Bras Basah, Dhoby Ghaut, Tel. 63323659, www.nationalmuseum.sg, tgl. 10–18 Uhr (History Gallery) oder 10–21 Uhr (Living Gallery), ca. 6 €, Kinder die Hälfte, unter 6 Jahren kostenlos. Singapurs größtes Museum, gelegen in einem prächtigen weißen Kolonialbau von 1887, der eines Maharadschas würdig wäre. Die History Gallery erzählt Singapurs Werdegang durch die Jahrhunderte und in der Living Gallery wird die Gegenwart – genauer gesagt bis in die 1970er-Jahre – durch vier Unterabteilungen erhellt. Die Abteilungen befassen sich mit Essen (damit lockt man die Singapurer leicht ins Museum), Film, Fotografie und Mode. Allein das Gebäude aber ist schon einen Besuch wert.

🏛 **102** [E4] **Peranakan Museum,** 39 Armenian St., Singapore 179941, MRT: Raffles City, Tel. 63327591, www. peranakanmuseum.org.sg, Mo 13–19 Uhr, Di–So 9.30–19 Uhr, ca. 3,50 €, Kinder die Hälfte, montags für Besucher über 60 Jahre kostenlos, Familienermäßigung. Die Peranakan oder Straits Chinese sind eine nur kleine Volksgemeinschaft, die Singapur aber nachhaltig beeinflusst hat.

Dieses Mischvolk ist das Ergebnis von Chinesen – und zu geringerem Teil auch Indern oder Indonesiern –, die auf der malaiischen Halbinsel Malaiinnen geheiratet hatten. Das Museum zeigt typischen Schmuck, Möbel, Porzellan, Textilien etc. der Peranakan. Fotografien verdeutlichen den Werdegang der Gemeinschaft.

103 [dk] **Red Dot Traffic,** 28 Maxwell Rd. 02–16, Singapore 069120, MRT: Tanjong Pagar, Tel. 65347001, www.red dottraffic.com, Mo/Di, Fr–So 11–20 Uhr, ca. 5 €, Kinder 2,50 €. Um modernes Design geht es in diesem Museum, das im ehemaligen Hauptquartier der Verkehrspolizei untergebracht ist, nun gestrichen in knalligem Rot.

104 [F4] **Singapore Art Museum (SAM),** 71 Bras Basah Rd., Singapore 189555, MRT: Bras Basah, Tel. 63323222, www. singaporeartmuseum.sg, Mo–Do/Sa/So 10–19 Uhr, Fr 10–21 Uhr, ca. 6 €, Kinder die Hälfte. Untergebracht in einer Missionsschule aus dem 19. Jh., die aussieht wie eine Mischung aus einer Kirche und einem hochherrschaftlichen Amtssitz, mit über 7000 modernen Ausstellungsstücken südostasiatischer und einheimischer Künstler, dazu 1000 Objekte von Künstlern anderer Länder. Angeschlossen ist der Bereich „SAM at 8Q", ums Eck vom Museum in 8 Queen St., in dem Avantgarde- oder Performance-Künstler und Werke neuer Medien wie Film, Video etc. vorgestellt werden.

105 [E5] **Singapore Philatelic Museum,** 23B Coleman St., Singapore 179807, MRT: City Hall, Tel. 63373888, www. spm.org.sg, Mo 13–19, Di–So 9–19 Uhr, ca. 3 €, Kinder ca. 2,50 €. Anhand von Briefmarken wird die Geschichte Singapurs erzählt, zusätzlich gibt es eine Ausstellung mit Briefmarken aus 200 Ländern. Nebenbei fungiert das Museum noch als Postamt, man kann hier seine Postkarten mit besonders schönen singapurischen Marken abschicken.

Theater

106 [F3] **Action Theatre,** 42 Waterloo St., Singapore 187951, MRT: Bugis, Bras Basah, Tel. 68370842, www.action.org. sg. Kleines, progressives Theater, das sich oft zeitgenössischer Themen annimmt (urbane Vereinsamung, Rassenkonflikte, Homosexualität etc.). Es ist aber auch der Geburtsort von „Chang & Eng", Singapurs populärstem selbst gestricktem Musical. Es handelt von den ersten bekannten siamesischen Zwillingen. Tickets 20 bis 60 €.

13 [G5] **Theatres on the Bay.** Ein architektonisch einmaliger Theaterkomplex mit Konzerthalle, Theatersaal, Open-Air-Bereich (Marina Outdoor Theatre), Bibliothek und Uferpromenade mit fantastischer Aussicht, Lokalen und Geschäften.

107 [D4] **TheatreWorks,** 32–13 Mohamed Sultan Rd., Singapore 239007, Tel. 67377213, www.theatreworks.org.sg. Ikonoklastisches Theater, dargeboten von einer dynamischen Schauspielertruppe. Ihr Stück „Lear & Desdemona" gilt als einer der Grundpfeiler des modernen singapurischen Theaters.

108 [hi] **The Necessary Stage,** B1–02 Marine Parade Community Bldg., 278 Marine Parade Rd., Singapore, Tel. 64408115, www.necessary.org. Provokatives Theater, das oft bis an die Grenzen des Erlaubten geht. Das Theater selbst ist klein, oft aber werden Vorstellungen auf anderen Bühnen gegeben.

109 [E4] **The Substation,** 45 Armenian St., Singapore 179936, MRT: City Hall, Bras Basah, www.substation.org, Tel. 63377535. Kulturzentrum mit vielfältigem Angebot: von Rockkonzerten über Filmvorführungen bis zu Poesie-Abenden oder klassischen Tanzauftritten und Ausstellungen. Im Garten wartet das Restaurant Timbre mit abendlichen Musikdarbietungen auf, ähnlich dem Schwesterhaus von Timbre direkt am Raffles' Landing Pier (www.timbre.com.sg).

Singapur zum Träumen und Entspannen

Singapurs zahllose Parks bieten beste Voraussetzungen zum Entspannen, Träumen oder Faulenzen. Allzu viel Stress dürfte erst gar nicht aufkommen. Hier aber ein paar Tipps:

● **110 Changi Beach,** Changi Village, Bus Nr. 2 (die beste Verbindung ab der Innenstadt, von der Victoria St. oder der New Bridge Rd./Eu Tong Sen St. in Chinatown kommend), 2A, 29, 59. 109 oder MRT: Tanah Merah, dann weiter mit Bus Nr. 2; oder MRT Tampines und weiter mit Bus Nr. 29. Dies ist ein malerischer, 3,2 km langer Strandabschnitt, zwar nicht zum Schwimmen geeignet, aber ideal für Picknicks an den rustikalen Holztischen und -bänken, zum Radfahren (es gibt einen Fahrradverleih) oder ganz einfach zum Abhängen. Hinter dem Strand finden sich Palmen und andere Pflanzen, es ist ein unerwartetes Idyll in diesem abgelegenen Teil der Insel. Am besten kommt man frühmorgens, um der Mittagshitze zu entgehen, bzw. spätnachmittags, wenn die Sonne niedrig steht und den Strand in ein warmes Licht taucht. Der Strand ist leider auch auf schreckliche Weise in die Geschichtsbücher eingegangen: Im 2. Weltkrieg erschossen die Japaner hier 66 Chinesen.

● **111** [hj] **East Coast Park,** East Coast Park Service Rd., an Wochenenden Bus Nr. 401; ansonsten Taxi (ist auch an Wochenenden günstiger). Der East Coast Park ist ein beinah unglaubliches Phänomen – ein 15 km langer Park, der sich fast vom Flughafen bis in die Innenstadt erstreckt, angelegt auf Land, das dem Meer abgerungen wurde. Flankiert wird er von einem ansehnlichen, teilweise sogar hervorragenden Strand. Man kann hier schwimmen (nicht überall, auf Schilder achten), faul unter Palmen liegen, Radfahren, Skaten (Xtreme Skatepark), sich per Kabel auf Wasserskiern über eine kleine Lagune ziehen lassen (www.ski360degree.com) oder sich an Meeresfrüchten schadlos halten. Die Wochenenden oder Feiertage sind besser zu meiden, denn dann zieht es sehr viele Singapurer hierher und es geht relativ turbulent zu. An Wochentagen ist es sehr ruhig, vor allem morgens. Ein kleines Problem ist die An- bzw. mehr noch die Rückfahrt. Bei Anfahrt mit dem Taxi lässt man sich am besten am National Park Visitor Centre (nahe Bushaltestelle B05) absetzen. Zur Rückfahrt in die Innenstadt wartet man am besten an derselben Stelle auf ein eintreffendes Taxi, denn an der vorbeiführenden East Coast Park Service Road ist selten ein freier Wagen zu erwischen. Und um in die belebteren Stadtteile zu gelangen, müsste man ansonsten die Expressstraße East Coast Parkway (ECP) passieren. Unter der verkehrsreichen Straße führen Unterführungen hindurch, so am Visitor Centre, am Meeting Point 4 (zwischen McDonald's und Burger King) und am Goldkist Beach Resort.

● **112 MacRitchie Reservoir Park,** Lornie Rd., Tel. 64685736, www.nparks.gov. sg, Bus Nr. 52, 74, 93, 130, 132, 165, 166, 167, 852, 855 u. a., MRT: Marymount (2 km bis zum Parkeingang). Dieses Staubecken, Singapurs ältestes (1868), liegt inmitten einer der großen grünen Lungen der Stadt. Ringsherum breitet sich ursprünglicher Wald aus, der von Wanderpfaden durchzogen wird. Das Staubecken selbst kann auf hölzernen Stegen umwandert werden und wahrscheinlich sieht man dabei einige Affen und zahlreiche Vogelarten. Wassersportler können sich mit gemieteten Kajaks bei Laune halten. Ein besonderer Clou ist der „Tree Top Walk", eine 250 m lange Brücke, die die zwei höchsten Gipfel des Gebiets miteinander verbindet.

Am Puls der Stadt

003sl Abb.: rk

090i Abb.: rk

Das Antlitz der Metropole

Modern, zukunftsweisend und dyna-
misch – so abgedroschen diese Be-
griffe klingen mögen, auf nur wenige
Länder treffen sie so zu wie auf das
junge Singapur, den südostasiati-
schen Ministaat, geboren 1965.

Dicht bewohnte Städte werden gern
als „urbaner Dschungel" bezeichnet,
Singapur hingegen ist eher ein **urba-**
ner Park: Die blinkenden Bürohochhäuser, die kolonialen Altbauten und
funktionellen Wohnsiedlungen der
Stadt sind von Grünflächen und ge-
pflegten Parks umgeben. Kaum eine
Metropole hat so viel Grün vorzuwei-
sen wie das winzige Singapur. Jeder freie Quadratmeter ist bepflanzt,

selbst auf den Dächern von Hochhäu-
sern sprießt es noch überschwänglich
in den feuchten Tropenhimmel. Bei
der Fahrt vom Flughafen in die Innenstadt wird die ganze lange Strecke von
einem tropischen Park flankiert. Der
Gegensatz zu anderen südostasiatischen Metropolen, die mit Beton zu-
geschüttet scheinen, ist frappierend.

Die singapurischen Städteplaner
sind sich schmerzlich bewusst, dass
man kein Hinterland hat, in das sich
der gestresste Städter gelegentlich
zur Erholung zurückziehen könnte,
und so macht man das Beste aus der
gegebenen Situation. Zu Hilfe kommt
das tropische Klima, das alles im Sau-

◁ *Vorseite: Singapurs Stadtbild bietet*
eine betörende Mischung aus konträ-
ren Elementen, so wie hier am Fort
Canning Hill ❶

◭ *Abendlicher Blick vom Event Plaza*
vor dem Marina Bay Sands Hotel ❿
auf die Marina Bay samt diamant-
förmiger Louis-Vuitton-Filiale

seschritt gedeihen lässt. Wären nicht Hunderte von städtischen Gärtnern jeden Tag dabei, die Rasen zu schneiden und die Sträucher zu trimmen, wäre Singapur wohl in einigen Monaten von der Natur zurückerobert.

Die Stadt hat in den letzten Jahrzehnten eine **rasante Entwicklung** mitgemacht. In den 1970er- und 1980er-Jahren schien es, als ob die Regierung alle Erinnerungen an die Vergangenheit auslöschen wollte: Koloniale Altbauten, die zuletzt schon zerfielen, wurden niedergerissen, um blitzenden Wolkenkratzern Platz zu machen. In den 1990er-Jahren besann man sich eines Besseren – nicht zuletzt, weil man erkannte, dass Touristen nicht wegen der Hochhäuser in ferne Länder reisen. Das winzige Singapur ist auf den Tourismus angewiesen. Forthin wurden **Altbauten liebevoll restauriert** und in wunderschönen Pastellfarben gestrichen. Heute bieten die alten chinesischen Häuser einen pittoresken Kontrast zu den Bürotürmen, die sich gleich daneben oder im Hintergrund erheben. Singapur ist heute mit Sicherheit eine der attraktivsten, fotogensten Städte der Welt. Wenn man spätnachmittags am Boat Quay oder an der Marina Bay sitzt und das goldene Nachmittagslicht spiegelt sich in den Wolkenkratzerfassaden und in den charmanten kleinen Lokalen am Fluss gehen die ersten Lichter an, könnte man meinen, es gäbe keine schönere Stadt auf dieser Welt.

Natürlich sieht es nicht überall so malerisch aus. **In den Vorstädten**, dem sogenannten *Heartland,* da, wo der singapurische Normalbürger zu Hause ist, bestimmen nüchterne Wohnsiedlungen das Bild. Singapur hat nur eine Fläche von 710 Quadratkilometern und muss seine fünf Millionen Bewohner vertikal übereinander unterbringen. Für Wachstum in die Breite ist schlicht kein Platz. Aber auch in den Vorstädten, in den von der Regierung gesponserten HDB-Siedlungen (s. S. 56) bemüht man sich, so viel Grün wie möglich anzupflanzen. Ganz nebenbei bestehen Pläne, die Landfläche durch Aufschüttungen um 100 qkm zu erweitern.

Trotz Singapurs Wohlstand hält sich der **Straßenverkehr** – im Gegensatz zu ärmeren südostasiatischen Metropolen wie Bangkok oder Jakarta – in Grenzen. Der Grund liegt

Wussten Sie ...

> dass Singapurs Landfläche nur 710 qkm beträgt? Damit ist es ca. 50 qkm kleiner als Hamburg.

> dass das Staatsgebiet Singapurs 63 Inseln umfasst?

> dass Singapur nur 135 km nördlich des Äquators liegt?

> dass Singapur erst 1965 von Malaysia unabhängig wurde?

> dass Singapur mit einem Ausländeranteil von fast 40 % eine der „multikulturellsten" Städte der Welt ist?

> dass Singapur sowohl die höchste Lebensqualität in Asien als auch die beste Infrastruktur der Welt bietet? (gemäß 2012 „Quality of Living Survey" von Mercer Consulting)

> dass Singapur die geringste Korruption in Asien aufweist und weltweit Platz 5 der am wenigsten korrupten Länder einnimmt? (gemäß Jahresbericht 2013 von „Transparency International", www.transparency.org)

> dass Singapur 2013 vom Handelsmagazin Forbes als der Staat mit den weltweit sechstbesten Zukunftsaussichten bewertet wurde (Nr. 1: die Schweiz)?

Wohnungen für (fast) alle: HDB

Singapur besitzt eine der höchsten Raten an Eigenheimbesitzern auf der Welt: Über 80 % der Bevölkerung wohnt in einer Eigentumswohnung, in den allermeisten Fällen in einem sogenannten HDB-Apartment.

Um die Wohnungsnot zu lindern, wurde 1960, schon vor Singapurs Unabhängigkeit, HDB aus der Taufe gehoben, das „Housing Development Board". Dieses wollte ermöglichen, dass jeder Singapurer in einer eigenen Wohnung leben konnte, strebte aber auch subtilere Ziele an: Wer Eigentum besitzt, so der Gedanke, hat auch ein Interesse daran, sein Land florieren zu sehen und neigt weniger zu staatsfeindlichen oder unsozialen Aktivitäten als der, der nichts besitzt und somit auch nichts zu verlieren hat - die Eigentumswohnung als Grundlage eines stabilen Staates sozusagen.

Besitz und Nutzung von „HDB Flats" oder HDB-Apartments sind an

072si Abb.: rk

eine Vielzahl von Regeln gebunden. Nur singapurische Staatsbürger, die mindestens 21 Jahre alt und verheiratet sind, oder Ausländer mit permanenter Aufenthaltsgenehmigung (PR) haben ein Anrecht auf eine HDB-Wohnung. Architektonische oder technische Änderungen in den Räumen sind genehmigungspflichtig, da die Regierung vermeiden will, dass sich die Bewohner von ihren Nachbarn durch Statussymbole absetzen.

*Auch gilt es, **der Gettobildung vorzubeugen.** In den 1960er-Jahren noch erlebte Singapur interethnische Ausschreitungen, vor allem zwischen buddhistischen Chinesen und moslemischen Malaien. Um zu verhindern, dass sich die unterschiedlichen Volksgruppen voneinander abkapseln und Enklaven bilden, soll in den HDB-Wohnblocks ein ethnisches entsprechend dem in der Gesamtbevölkerung bestehenden Mischungsverhältnis herrschen („Ethnic Integration Policy" oder EIP). Im Jahre 2009 waren 72,2 % der Bevölkerung Chinesen, 13,4 % Malaien, 9,2 % Inder und der Rest „Andere". Verkauft eine chinesische Familie und zieht aus einem Apartmentblock aus, so kann die Wohnung wiederum nur von Chinesen erworben werden. So bleibt das Mischungsverhältnis konstant.*

Waren die HDB-Apartments in früheren Jahren noch unansehnliche Kleinwohnungen mit DDR-Plattenbaucharakter so hat sich der Standard über die Jahrzehnte merklich verbessert. Die besten und teuersten der Wohnblocks sind heute sogar architektonische Wegweiser in die Zukunft. Der riesige, in Chinatown weit-

*hin sichtbare Wohnblock **Pinnacle@ Duxton** besteht aus drei Einzelblöcken mit 1848 Wohneinheiten, die im 26. und 50. Stock durch eine „Sky Bridge" samt Park miteinander verbunden sind. Diese ausgedehnten Parks dienen den Bewohnern als Joggingstrecke oder zu sonstigen Freizeitaktivitäten. Pinnacle@Duxton ist mit 50 Stockwerken das bisher höchste HDB-Gebäude und zudem das größte staatliche Wohnungsprojekt der Welt. Nebenbei hat es einen Architekturpreis gewonnen. Gegen eine Gebühr von 5 S\$ können auch Außenstehende die Sky Bridge im 50. Stock besuchen. Von dort erhält man eine ausgezeichnete Aussicht auf diese so zukunftsweisende Stadt.*

> *Pinnacle@Duxton, Cantonment Rd./Neil Rd., MRT: Tanjong Pagar; Bus Nr. 75, 167, 199 (Cantonment Rd.) oder 61, 166, 197 (Neil Rd.), www.pinnacleduxton.com.sg*

> *Sky Bridge, 50. Stock, tgl. 10–22 Uhr, erlaubte Besucherzahl: 200 pro Tag. Auf der Website kann man überprüfen, wie viele Besucher am gegenwärtigen Tag schon da waren. Der Zugang erfolgt nach Zahlung des Eintrittspreises von 5 S\$ an einem Automaten auf Level 1 in Block 1G. Zur Zahlung wird eine CEPAS-Karte (CEPAS = Singapore Standard of Contactless ePurse Application) genutzt, dazu gehören auch die ez-link-Karten für Bus und MRT (s. S. 128). An den Zugängen zur SkyBridge hält man die Karte dann an einen Kartenleser, und man hat Zutritt.*

◁ *HDB-Wohnblocks in Singapur*

in drei teuren Buchstaben: CEO. Wer ein Auto oder Motorrad kaufen will, muss erst ein CEO erwerben, d. h. ein „Certificate of Entitlement", nennen wir es einmal kurz und prägnant eine Fahrzeugbesitzerlaubnis. Diese wird nach dem Hubraum des Vehikels bemessen, ihr Preis richtet sich nach der Nachfrage und ändert sich von Jahr zu Jahr. Sie kann einige Zigtausend Euro kosten und gilt nur für zehn Jahre. Wer keinen Parkplatz oder keine Garage vorweisen kann, braucht erst gar keinen Antrag zu stellen. Das COE hält Singapurs Straßen relativ verkehrsfrei und **ein effizientes öffentliches Verkehrswesen** sorgt dafür, dass man sich auch ohne eigenes Fahrzeug bequem fortbewegen kann. Autofahrten in den CBD, den Central Business District, unterliegen zudem einer Gebühr. Das Geld wird bei der Einfahrt automatisch von einer elektronischen Speicherkarte abgebucht (ERP = „Electronic Road Pricing"). Strikte Abgasauflagen sorgen dafür, dass sich die Luftverschmutzung in fast unmerklichem Rahmen bewegt.

Wann immer man meint, Singapur habe sich nun zu Ende entwickelt, wird man ganz schnell eines Besseren belehrt. Singapur ist eine permanente Baustelle, ständig wird verschönert, erneuert oder etwas radikal Neues gebaut. Es gibt futuristischanmutende Pläne, nach denen man sich in den Vorstadtsiedlungen bald auf Rollbändern anstatt in Autos fortbewegen wird. Wer Singapur kennt, weiß, dass Pläne hier kein leeres Gerede sind. Die Entwicklung verläuft atemberaubend schnell. Wer Singapur einmal vor 15 oder 20 Jahren gesehen hat, wird es kaum wiedererkennen. Selbst wenn man nur ein paar Monate lang nicht da war, entdeckt man schon wieder etwas Neues.

Von den Anfängen bis zur Gegenwart

Die Geschichte des jungen Singapurs, unabhängig erst seit 1965, ist eng mit der Geschichte Malaysias und der britischen Kolonialmacht verbunden. Als Leutnant Gouverneur Thomas Stamford Raffles vor knapp 200 Jahren zum ersten Mal in Singapur an Land ging, begann die moderne Geschichte des Landes und damit auch ein steter Aufstieg. Aus dem einstigen Piratennest Singapur wurde – unter der Führung des ebenso umstrittenen wie bewunderten Lee Kuan Yew – ein Wirtschaftswunderland.

ab 8000 v. u. Z. Proto-malaiische Stämme wandern auf der Malaiischen Halbinsel ein, die eine neolithische Kulturstufe entwickeln und Steinwerkzeuge und Töpferwaren benutzen.

ab 2000 v. u. Z. Die Erfindung des Einbaums und des Segels löst eine Völkerwanderung aus, durch die der gesamte Malaiische Archipel von Südchina aus besiedelt wird.

ca. 500–300 v. u. Z. Deutero-malaiische Zuwanderer aus Südchina bringen das Wissen um die Herstellung von Eisen und Bronze mit.

ca. 1. Jh. v. u. Z. Indische Händler erscheinen an den Küsten Malaysias, begründen Handelsniederlassungen und heiraten in die herrschenden Familien ein. Mit ihnen kommen auch der Buddhismus und der Hinduismus.

11.–12. Jh. Fortschritte in der Navigation lassen Seefahrt und Handel aufblühen. Die Chinesen bauen enge Handelsbeziehungen zu der Malaiischen Halbinsel auf.

1292 Marco Polo gibt eine vage Beschreibung von Chiamassie, „einer großen und edlen Stadt" auf einer Insel namens Malayur, womit wahrscheinlich Temasek, das spätere Singapur gemeint ist.

16. Jh. In Konkurrenz zu den Portugiesen engagieren sich auch England und Holland im lukrativen Handel mit „Ostindien" (Südostasien). 1600 wird die „British East India Company" gegründet.

035si Abb.: rk

1785 Der Sultan von Kedah gewährt der East India Company eine Niederlassung auf Penang, da er sich durch die Briten Schutz vor seinem nördlichen Nachbarn Siam (Thailand) verspricht.

1787 Sir Francis Light nimmt offiziell Penang in Besitz.

1808 Die „Charter of Justice", die britische Rechtssprechung, wird auf Penang eingeführt.

1819 Stamford Raffles (1781–1826), Leutnant Gouverneur von Bencoolen oder Bengkulu (Sumatra) geht in Singapur an Land, um einen Handelsposten zu errichten. Sultan Hussein Shah von Johor tritt die Insel per Vertrag ab. Die Gewässer um Singapur werden weitgehend von Piraten beherrscht. Raffles und sein Begleiter und Chronist, Munshi Abdullah, finden am Strand „Hunderte von Menschenschädeln, einige noch frisch mit Haaren, andere noch mit scharfen Zähnen." Die freibeuterischen Aktivitäten der Piraten sind so verheerend, dass „selbst Dschinns und Teufel" Angst haben, die Meerenge bei Singapur zu passieren.

1824 Holländer und Briten, die in Südostasien konkurrierende Kolonialinteressen verfolgten, einigen sich: Die Holländer verzichten auf jegliches Gebiet auf der Malaiischen Halbinsel, die Briten überlassen ihnen dafür alle indonesischen Besitztümer.

1826 Die East India Company fasst Singapur, Malacca, Penang und Pangkor zu den „Straits Settlements" zusammen.

1858 Die Straits Settlements gehen in die Kontrolle der Britischen Krone über, 1867 werden sie zur Kronkolonie erklärt.

1942 Im Zuge des 2. Weltkriegs werden die malaiische Halbinsel und Singapur von Japan besetzt. Die Besatzer errichten eine brutale Gewaltherrschaft, vor allem gegenüber den Chinesen. Die Japaner taufen Singapur in „Syonan" um, „Licht des Südens". Die Besatzung erweist sich als die dunkelste Periode in der Geschichte Singapurs.

1945 Am 21. August, wenige Tage nach dem Atombombenabwurf auf Hiroshima und Nagasaki, kapituliert Japan und die zuvor von Japanern besetzten Gebiete, inklusive Singapur, kommen wieder unter britische Herrschaft.

1948 Die von Briten beherrschten Gebiete auf der Malaiischen Halbinsel werden zur Föderation von Malaya zusammengeschlossen. Aufgrund der Untergrundaktivitäten kommunistischer Rebellen wird der Notstand ausgerufen (bis 1960).

1955 Die von den Kommunisten ausgehende Gefahr ist weitgehend gebannt und in der Föderation wird der Ruf nach Unabhängigkeit *(merdeka)* laut. Aus den ersten nationalen Wahlen geht Tunku Abdul Rahman, Sohn des Sultans von Kedah, als Premierminister hervor.

1957 Am 30. August wird die Föderation von Malaya unabhängig. Der neue Staat nennt sich Malaysia.

1954 In der Victoria Memorial Hall (heute: Victoria Theatre and Concert Hall) wird die People's Action Party (PAP) gegründet, Singapurs spätere Regierungspartei.

1959 Singapur erhält eine innenpolitisch unabhängige Selbstverwaltung. Lee Kuan Yew von der PAP wird Premierminister. LKY, wie er später oft genannt werden wird, wurde 1923 in 92 Kampong Java Road in Singapur geboren und ist Nachkomme chinesischer Einwanderer in der vierten Generation. Niemand ahnt, dass „Harry", wie ihn seine Kommilitonen an der Universität in England genannt hatten, einer der größten Staatsmänner seines Jahrhunderts werden sollte.

1963 Am 16. September wird die Malaysische Föderation gegründet, ein Zusam-

◁ *Morgengebete im Temple of the Sacred Tooth Relic* **14** *: Der Buddhismus kam schon vor über 2000 Jahren auf die Malaiische Halbinsel*

Staat und Politik: Allein regiert besser!

*Gemäß der Verfassung ist Singapur eine parlamentarische Demokratie mit Wahlen im Fünf-Jahre-Turnus - in der Praxis ist es seit seiner Unabhängigkeit aber eine **„Ein-Parteien-Demokratie“:** Aufgrund überwältigender Wahlerfolge stellte die PAP in den meisten Legislaturperioden alle Abgeordneten. Nur gelegentlich waren oder sind ein bzw. zwei Oppositionspolitiker vertreten. Derzeit umfasst das Parlament 90 Sitze, von denen sechs von Oppositionellen besetzt sind.*

*Die PAP ist somit de facto der Staat. Dieser präsentiert sich einerseits als moderner, progressiver Staat, der alles für das Wohlergehen des Landes tut; andererseits trägt er Züge eines Überwachungsstaats, in dem Kritik nur in Maßen gern gesehen wird. Die **Medien sind fest in Regierungshand** und unterliegen der Zensur. Liest man aufmerksam die Tageszeitung „Straits Times“, so fällt auf, dass sie Meinungsbildung betreibt, um die soziale Entwicklung in gewisse Bahnen zu lenken. Diese Manipulation muss nicht bösartig sein: Meist geht es darum, die Bevölkerung in eine bestimmte Richtung zu schubsen, um immer wohlhabender, immer sauberer, immer attraktiver für ausländische Investoren und Touristen und immer „perfekter“ zu werden, was immer man darunter verstehen mag. Von einer Diktatur wie z.B. in Nordkorea ist Singapur unendlich weit entfernt.*

*Zwar ist nicht jeder Bürger sehr erfreut darüber, gegängelt zu werden, doch macht der wirtschaftliche Fortschritt bei den meisten die Nachteile wieder wett. Das **Streben nach Wohlstand** oder Reichtum ist dem Großteil*

der Singapurer - Nachkommen von Immigranten, die ein besseres Leben suchten - in die Wiege gelegt. Hinzu kommt, dass Singapur in den letzten Jahren immer liberaler geworden ist.

*Eines der Hauptziele der Regierung ist es, das Land korruptionsfrei zu halten, was als Grundvoraussetzung für eine geordnete und wohlhabende Gesellschaft angesehen wird. Beamte und vor allem Politiker werden gut bezahlt, sodass sie gar nicht erst in Versuchung kommen. Der Premierminister Singapurs ist der bestbezahlte Premierminister der Welt, die nicht ganz scherzhaft gemeinte Begründung dazu: „If you pay peanuts, you get monkeys“ („Wer nur Erdnüsse zahlt, der bekommt nur Affen“). Der Premierminister bezieht 4,2 Mio. S$ pro Jahr, ca. 2,5 Mio. €. In der Vergangenheit schickten die **Anti-Korruptionsbehörden** gelegentlich inkognito Briefe mit Geldangeboten darin an Beamte - wer sie annahm, hatte Pech gehabt: Er musste ins Gefängnis und verlor seine Arbeit für immer.*

*Das offizielle Staatsoberhaupt ist der Präsident, der alle vier Jahre vom Parlament gewählt wird. Dieser ernennt einen Abgeordneten, der das Vertrauen des Parlaments genießt, zum **Premierminister.** Wenn nichts Außergewöhnliches geschieht, wird das auch nach den nächsten Wahlen wieder der gegenwärtige Premierminister Lee Hsien Loong sein.*

Lee Hsien Loong gilt als kompetent und wirkt sympathisch, in Sachen Charisma aber kann er es nicht mit seinem Vater aufnehmen. Der Tag, an dem der alte Fuchs LKY dahinscheidet, wird der traurigste in der Geschichte des jungen Stadtstaates sein.

menschluss von Malaysia, Singapur, Sabah und Sarawak. Brunei lehnt den Beitritt in letzter Minute ab. Indonesien erkennt den neuen Staat nicht an und beginnt mit einer „Politik der Konfrontation" *(konfrontasi)*, was im Klartext Sabotage und Untergrundaktionen bedeutet.

1965 Wegen Differenzen in der Rassenpolitik scheidet Singapur aus der Malaysischen Föderation aus und wird ein unabhängiger Staat. Singapur hatte sich für die Gleichstellung aller Rassen eingesetzt, die Malaysische Föderation verfolgte eine Politik, nach der die eingeborenen Malaien *(bumiputra* = Söhne der Erde) Privilegien genießen sollten.

1969 Rassenauseinandersetzungen zwischen Chinesen und Malaien in Malaysia springen auf Singapur über, wo es zu den einzigen Rassenunruhen kommt, die das unabhängige Singapur bis heute erleben wird.

1970–1990 Lee Kuan Yew und die allmächtige Regierungspartei People's Action Party (PAP) transformieren die Insel, in der einst Gangsterbanden das Sagen hatten, zu einem der sichersten und effizientesten Orte der Welt. Sicherheit, Ordnung und unkorrupte Staatsorgane gelten als die Grundvoraussetzungen für eine florierende Wirtschaft und um Investoren ins Land zu locken. Eiserne Gesetze vertreiben Kriminelle aus dem Land und den wenigen Oppositionellen wird das Leben schwer gemacht. In zahllosen Kampagnen (von „Seid nett zueinander" bis „Vergesst nicht, die Klospülung zu ziehen!") versucht die Regierung, das Volk zu besseren Bürgern zu erziehen. Im Ausland oft belächelt, so zeigt dieses *social engineering* durchaus Wirkung. In nur wenigen Jahrzehnten macht Singapur Fortschritte, für die weniger entschlossene Länder ein Jahrhundert benötigen.

1990 Nach 25 Jahren als Ministerpräsident gibt der mittlerweile legendäre, geliebte und auch gehasste Lee Kuan Yew, der

Übervater Singapurs, seinen Posten an den designierten Nachfolger Goh Chok Tong ab. Goh verfolgt den Erfolgskurs weiter – wenn auch etwas liberalisiert. Vielen Beobachtern ist klar, dass Goh nur eine Art „Platzhalter" ist, um die Zeit zu überbrücken, bis LKYs Sohn Lee Hsien Loong das Amt als Ministerpräsident übernehmen kann.

1997 Die asiatische Wirtschaftskrise kann Singapurs wirtschaftlichen Aufstieg nur kurz bremsen. Der Singapur-Dollar (S$) entwickelt sich zu einer geachteten, stabilen Währung. Am Ende des Jahrzehnts ist er mehr wert als die DM.

2004 LKYs Sohn Lee Hsien Loong (* 1952) wird Ministerpräsident. Sein Vater agiert als Berater, als sogenannter *Minister Mentor* (Beratender Minister) oder *Senior Minister* im Hintergrund.

2011 Bei den Parlamentswahlen erleidet die PAP ihr schlechtestes Ergebnis seit der Unabhängigkeit. Sechs Parlamentssitze gehen an die oppositionelle Workers' Party. Die Singapurer sind sicher zufrieden mit dem Wohlstand, den die PAP ihnen beschert hat, viele aber möchten deren übermächtiges Monopol ein wenig reduziert sehen.

2013 Am 8.12. ereignet sich Ungeheuerliches: Nach einen Verkehrsunfall, bei dem ein indischer Gastarbeiter ums Leben kommt, randalieren Hunderte seiner Landsleute im Stadtteil Little India, attackieren die Polizei und hinterlassen eine Spur der Verwüstung. So etwas hat Singapur seit den Rassenausschreitungen von 1969 nicht erlebt. In Indien sind derlei Krawalle nach tödlichen Unfällen nichts Ungewöhnliches, in Singapur trägt man sich jedoch, ob bei der Ausländerpolitik alles richtig gemacht wurde.

Gegenwart Singapurs Infrastruktur wird pausenlos ausgebaut. Die Stadt ist eine permanente Baustelle. Mittlerweile gilt Singapur als das Land mit der höchsten Lebensqualität in Asien.

091.si Abb.: rk

Leben in Singapur

Das Leben in Singapur sei voller Stress, die Regierung kassiert zu viel Steuern, alles werde immer teurer, die Zukunftsaussichten seien miserabel und am besten wandere man nach Australien aus … und zu feucht und heiß sei es auch immer.

So oder so ähnlich äußern sich viele Singapurer, wenn man sie zum Leben in ihrer Heimat befragt. Die meisten haben zunächst einmal viel Negatives zu berichten. Aufgrund ihrer Strebsamkeit und wegen des singapurischen Wirtschaftswunders werden die Singapurer gelegentlich als **die „Deutschen Südostasiens"** bezeichnet. Eine Eigenschaft haben sie ganz gewiss mit den Deutschen gemein: das ständige Nörgeln. Erst nach einem Besuch in einem der ärmeren Länder Südostasiens wird so manchem Singapurer klar, wie gut man es im eigenen, wohlgeordneten Stadtstaat hat.

Der **Negativismus,** die Sorge, als „winziger roter Punkt auf der Land-

karte" (so LKY) nicht überleben zu können, sitzt tief in der singapurischen Psyche. Als Singapur 1965 aus der Malaiischen Föderation herausgeworfen wurde, erschien ein tränenüberströmter Lee Kuan Yew im Fernsehen und gestand, dass er nicht wisse, wie der soeben entstandene Kleinstaat überleben könne. Diese Angst besteht bis heute fort – auf subtile Weise wird sie sogar von der Regierung weitergeschürt, um die Bevölkerung nicht in Bequemlichkeit versinken zu lassen. Zwar könnte Singapur es sich leisten, ein Sozialstaat nach europäischem Muster zu werden, doch dies vermeidet man ganz bewusst: Man fürchtet, die Landsleute könnten in den Schlendrian abgleiten. Tagtäglich wird der Bevölkerung in den Medien eingebläut, was Singapur alles tun muss, um im wirtschaftlichen Wettstreit der Staaten nicht unterzugehen. **Die Furcht, als Winzling unter den Nationen nicht überleben zu können**, ist der Motor, der alles in Singapur vorantreibt. In der

Tat muss sich der durchschnittliche Singapurer sehr nach der Decke strecken. Er muss hart arbeiten, um den hohen, relativ teuren Lebensstandard aufrechterhalten zu können. Aber welche Alternative hätte dieser „kleine rote Punkt" sonst auch?

Entgegen der im Westen oft verbreiteten Meinung kann der Singapurer seinem Unmut vollen Lauf lassen. Böse werden die Staatsorgane nur, wenn jemand aktiv gegen die Regierung arbeitet – dann wird der Gegner mit aller Macht zerstört, was schon so manch Oppositioneller zu spüren bekommen hat. Ein Polizeistaat im herkömmlichen Sinne ist Singapur aber beileibe nicht. Niemand muss hier aus Angst über die Schulter sehen.

Schlimmer als Oppositionellen ergeht es Kriminellen. Die Gesetze sind eisern, aber sie zeigen Wirkung: Singapur hat **eine der niedrigsten Verbrechensraten der Welt.** Auf Kapitalverbrechen steht die Todesstrafe, darunter auch für Drogenhandel (dazu zählt z. B. der Besitz von 15 g Heroin oder 500 g Haschisch). Für einige Verbrechen, z. B. Vergewaltigung oder selbst das Begrabschen von Frauen oder Vandalismus steht – neben einer Haftstrafe – auch eine **Prügelstrafe.** Die Täter bekommen mit einem zuvor in Wasser eingelegten Bambusstock (*rotan*) den nackten Hintern versohlt. Der Schmerz soll elendig sein. Selbst wer sich drei oder mehr Monate illegal in Singapur aufhält, macht mit dem *rotan* Bekanntschaft. Wohl dem, der mindestens 50 Jahre alt ist, denn ab diesem Alter wird die Prügelstrafe ausgesetzt. Frauen bekommen sie ohnehin nicht.

◁ *In Little India können sich indische Gastarbeiter ein wenig wie zu Hause fühlen*

Dank der strengen Gesetze ist Singapur **einer der sichersten Orte der Welt.** Singapurer machen sich nicht die geringsten Sorgen, wenn ihre Kinder erst um Mitternacht vom Nachhilfeunterricht nach Hause kommen. Auch für Ausländer ist die relative Verbrechensfreiheit ein Bonus in dieser heute so lebenswerten Stadt. Kein Wunder, dass es immer mehr Einwanderer aus aller Herren Länder nach Singapur zieht.

Massenimmigration im Mini-Staat

Die Sorge vieler Singapurer ist heute die Angst um den Arbeitsplatz – genauer gesagt, die Angst, von den zu günstigeren Konditionen arbeitenden Einwanderern verdrängt zu werden. Von Singapurs ca. 5,5 Mio. Einwohnern sind **fast 40 % Ausländer.** Besonders in den letzten Jahren ist sozusagen eine Lawine von Immigranten ins Land gerollt und die Regierung lässt sie gern weiterrollen.

In den 1970er-Jahren war in Singapur die Furcht umgegangen, das Land könne durch eine Geburtenexplosion in Bedrängnis kommen. Länder wie Indien gaben ein warnendes Beispiel. „*Stop at Two!*", forderte die Regierung damals in **Empfängnisverhütungskampagnen:** „Zwei und nicht mehr!" Die Singapurer befolgten den Aufruf nur allzu eifrig und in den folgenden Jahrzehnten sank die Zahl der Geburten bedrohlich ab. Vor allem die ehrgeizigen chinesischen Familien verzichteten um der Karriere willen auf eine große Kinderschar. Die moslemischen Malaien hingegen bekamen relativ viele Kinder und brachten damit die ethnische Balance ein wenig aus dem althergebrachten Gleichgewicht.

Heute sieht die Regierung die Bevölkerungsfrage in einem anderen Licht. Um wirtschaftlich florieren zu können, sei eine Einwohnerschaft von ca. 7. Mio. Menschen notwendig, lautet die neue These. Da die Singapurer selbst nicht genügend Kinder bekommen, muss der Nachwuchs von außen herangeschafft werden. Um den hohen Anteil der Chinesen an den Bevölkerungsgruppen beizubehalten, werden besonders Chinesen ins Land geholt. In zahlreichen indischen Restaurants in Little India sind heute die Tellerabräumer, manchmal auch die Kellner, Neuimmigranten aus China. Viele sprechen nur ihren heimatlichen chinesischen Dialekt. Fährt man in einem Bus in Singapur, so kann man oft ein **babylonisches Sprachengewirr** vernehmen: Burmesisch, Thai, Nepalesisch oder Hindi, Tagalog, Indonesisch, Persisch oder Arabisch. Das Wort „multikulturell" passt nirgendwo besser.

An ihren freien Tagen versammeln sich viele Landsmannschaften zu Hunderten oder gar Tausenden an bestimmten Treffpunkten: die Philippinerinnen und Philippiner am Lucky Plaza in der Orchard Road, die Inder, Sri-Lanker und Bangladescher in Little India, die Myanmaren am Pensinsula Plaza an der North Bridge Road und die Thais im Golden Mile Complex an der Beach Road.

Dass Arbeitgeber ausländische Kräfte den einheimischen vorziehen, hat zweierlei Gründe: zunächst natürlich den niedrigeren Lohn, **Einwanderer sind einfach billiger.** Außerdem können Ausländer – anders als Singapurer – nicht einfach den Job hinwerfen: Ihre Arbeitserlaubnis gilt nur für die eine konkrete Arbeitsstelle. Geben sie diese auf, ist damit auch die Aufenthaltserlaubnis hinfällig.

Trotz der Ängste um den Arbeitsplatz ist man im Vielvölkerstaat Singapur politisch sehr korrekt und öffentlich gegen Ausländer zu wettern gilt als unfein oder gar als subversiv. Ethnische Spannungen kann sich der multikulturelle Staat nicht leisten.

In singapurischen Internetforen hingegen fliegen ordentlich die Fetzen: Dort werden ausländische Arbeitskräfte mit der Kürzel „FT" belegt. „FT" ist die Kurzform der Regierung für *foreign talent,* also talentierte Arbeitskräfte, die zum Wohlstand des Landes beitragen. In den Internetforen meint man damit aber meist *foreign trash* – ausländischer Schrott. Die Ausschreitungen in Little India (s. S. 61) haben weiteres Öl ins Feuer gegossen.

Singapurs Kauderwelsch: We speak Singlish, lah!

Singapur besitzt vier offizielle Nationalsprachen, die die ethnische Herkunft der meisten Bürger des Landes reflektieren: **Englisch, Mandarin (Chinesisch), Malaiisch und Tamil.** Auf einem singapurischen Geldschein beispielsweise sind die Werte in allen vier Sprachen angegeben und auch die Hinweise in den MRT-Zügen und auf sonstigen öffentlichen Schildern sind viersprachig gehalten. Zwar haben viele der chinesischen Bewohner Singapurs andere chinesische Muttersprachen als Mandarin (z. B. Hokkien oder Teochew), doch chinesische Sendungen im nationalen Fernsehen oder im Radio dürfen jedoch nur auf Mandarin ausgestrahlt werden. Die Regierung will zum einen verhindern, dass sich die Bewohner in unbedeutenden Lokalsprachen verheddern, zum anderen sollen sie mit dem wirtschaftlich wichtigen chinesischen

Singapur, Stadt der Geldstrafen?

Unter den Souvenirs, die sich Touristen gern in Singapur kaufen, ist ein T-Shirt, das etliche Verbotsschilder aufweist und dazu die Aufschrift „Singapore, a Fine City" trägt, eine gewitzte Doppeldeutigkeit, denn „fine" bedeutet neben „gut" auch „Geldstrafe". Singapurs Geldstrafenregister für Vergehen wie das Überqueren einer roten Fußgängerampel oder die Straßenverunreinigung haben oft für Schlagzeilen gesorgt. Die westliche Presse, darunter auch eher seriöse Medien wie „Der Spiegel", haben oft keine Gelegenheit ausgelassen, **Singapurs vermeintliche Kleinkariertheit** anzukreiden. Doch wie gestreng sind die Regeln wirklich?

In der Tat existiert ein penibler **Bußgeldkatalog** für zahlreiche Ordnungsverstöße. Wer beispielsweise mit dem Fahrrad durch eine Fußgängerunterführung fährt, anstatt abzusteigen und es zu schieben, riskiert eine Strafe von 1000 S$. Wer eine Zigarettenkippe wegwirft, kann theoretisch mit 300 S$ Buße belegt werden. Sieht man sich allerdings in der Stadt um, so fällt auf, dass viele Bürger es mit den Regeln nicht so genau nehmen: So mancher alte Chinese spuckt genussvoll auf die Straße und nicht wenige Raucher schnippen ihre Kippe nonchalant aufs Pflaster oder in den Gulli. Singapur ist in der Tat sehr sauber, aber keineswegs so keimfrei und steril wie oft angenommen: **Vergehen gegen die Sauberkeitsgebote gibt es zuhauf.** In den ca. 3 oder 3 ½ Jahren, die ich bisher insgesamt in Singapur verbracht habe, habe ich nicht einmal gesehen, dass jemand während einer Verunreinigung von einer Amtsperson zur Rechenschaft gezogen wurde. Gemäß der Statistik werden derzeit täglich etwa 90 Personen bei einer solchen Tat erwischt, weit weniger als man annehmen sollte.

Der penible Regelkatalog dient in erster Linie der Einschüchterung: Er soll die Bevölkerung im Zaume halten und ihr zeigen, was theoretisch passieren kann, wenn man die Vorschriften missachtet. Sie soll permanent an ihre Bürgerpflichten erinnert werden. Touristen hingegen haben kaum etwas zu befürchten: **Die Beamten sind angewiesen, keine Bußgelder von Touristen einzutreiben,** sondern sie nur zu ermahnen. Dass diese Order nicht öffentlich verkündet wird, liegt auf der Hand.

Der Stadtteil Little India (s. S. 83), den sonntags Tausende von indischen Gastarbeitern überfluten, wird bei diesen Treffen streckenweise mit Müll überschüttet. Polizei oder Ordnungsamt greifen jedoch nicht ein. Theoretisch ließen sich hier Millionen Dollar an Bußgeldern eintreiben, doch die Behörden drücken bei den Fremdarbeitern beide Augen zu.

Anders ergeht es so manchem Singapurer, vor allem Wiederholungstätern. Wer mehrfach beim groben Verunreinigen erwischt werden sollte, sich somit als hartnäckiger „litterbug" (Verunreiniger) erweist, wird **zu öffentlichen Reinigungsarbeiten verurteilt** („Corrective Work Order" = „Pflichtarbeit zur Umerziehung"). Dabei müssen die Verurteilten leuchtend rote Westen tragen und werden so quasi an den Pranger gestellt. Manchmal erscheint ihr Konterfei in der Zeitung, gleich auf der ersten Seite der Straits Times, sozusagen als Headliner des Tages. Glückliches Singapur.

Kulturkreis kommunizieren können – und das ist nur über das alle verbindende Mandarin möglich.

Vor allem aber wird die Bevölkerung dazu angehalten, die **englische Sprache** möglichst gut zu beherrschen, um damit dem Image eines wahrhaft globalen, fremdenfreundlichen Stadtstaates näherzukommen. Die malaiischen und südindischen Minderheiten sprechen untereinander Malaiisch, respektive Tamil, aber um über die ethnischen Grenzen hinweg kommunizieren zu können, sind sie auf das Englische angewiesen.

So weit die Theorie – die Praxis sieht oft ein wenig anders aus. Das singapurische Englisch ist stark mit den Akzenten der unterschiedlichen Lokalsprachen eingefärbt und Touristen fällt es manchmal nicht leicht, ihre Gastgeber zu verstehen. Hinzu kommt, dass das singapurische Englisch eine Vielzahl von Worten aufweist, die aus dem Chinesischen, Malaiischen oder aus indischen Sprachen übernommen wurden. Diese werden fröhlich in die englischen Sätze eingeflochten und egal, wie gut man Englisch verstehen mag, bei der Mischsprache bleibt dem Touristen nur verwirrtes Kopfkratzen. Dieses eigenwillige Kauderwelsch wird scherzhaft **Singlish** genannt – **singapurisches Englisch**. Die Regierung hört sie gar nicht gern. Versuche, sie auszumerzen, sind jedoch am Widerstand hartnäckig eingeschworener singapurischer Zungen gescheitert.

Hier einige Beispiele für „Singlish":

❭ **lah!** – eine allgegenwärtige Art Verstärkungssilbe an Satzenden: „Any time can, lah!" = Egal wann, ist schon O.K.! „I have to go, lah!" = Jetzt muss ich aber gehen!

❭ **Ah Beng** – ein ungebildeter, junger Chinese, oft mit krampfhaft cooler, tatsächlich aber eher peinlicher Kleidung und Frisur, so etwas wie ein Proll. „Look at that Ah Beng, lah!". Das weibliche Gegenstück ist Ah Lian.

❭ **kiasu** – Chinesisch für „Angst haben, zu verlieren/nicht genug zu bekommen". „Kiasu" ist, wenn man sich am Büfett mehr auf den Teller häuft, als man essen kann, oder wenn man zum Ausverkauf schon vor Geschäftsbeginn an der Tür steht, um bloß kein Schnäppchen zu verpassen. „Don't be so kiasu, lah!" = Sei doch nicht so raffgierig! „Kiasu" wird als eine typisch singapurische Grundeigenschaft betrachtet und wurde sogar in einer Comicserie auf die Schippe genommen. Selbst die Regierung hat schon versucht, ihren Bürgern die Kiasu-Mentalität mittels „Aufklärungskampagnen" auszutreiben. Manche Restaurants erheben eine Extragebühr, wenn ein Gast seinen Teller vollhäuft und die Essensberge dann nicht aufisst.

❭ **gabra** – sich sorgen, vom Hindi-Verb „ghabrana". „Don't gabra, lah!" = Mach dir mal keine Sorgen!

❭ **shiok** – lecker, spitze; vom Malaiischen „shok" = attraktiv, Begehren weckend

❭ **boleh** – Malaiisch: kann, geht. Auf die Frage „Kannst du heute kommen?", kann man antworten „Boleh, lah!" = Klar, kann ich!

❭ **kaki** – Malaiisch: Bein; übertragene Bedeutung: eine Verbindung oder hilfreiche Bekanntschaft. „I have a kaki in that company." = In dieser Firma habe ich gute Beziehungen.

❭ **kena** – aus dem Malaiischen: eine negative Erfahrung machen. „He kena lost all his money" = Er hat all sein Geld verloren.

❭ **makan** – Malaiisch: essen/Essen. „I go makan, lah!" = Ich gehe jetzt essen!

❭ **jalan** – Malaiisch: gehen (auch: Straße). „Jalan-jalan" = umher-, spazieren gehen.

❭ **ang mo** – aus dem Hokkien: rothaarig. Eine umgangssprachliche, nicht beleidigende Bezeichnung für Weiße/Europäer.

❭ www.singlishdictionary.com

Singapur entdecken

09ssi Abb.: rk

Im Colonial District und am Singapore River

Singapurs Stadtlandschaft ist in den letzten zwei Jahrzehnten einer dramatischen Transformation unterzogen worden und besonders offensichtlich wird dies am Singapore River und dem nördlich davon gelegenen sogenannten Colonial District.

Bis Anfang der 1990er-Jahre erstreckten sich hier beiderseits des Flusses alte Kontorgebäude und *godowns*, Lagerhäuser, die einst dem Frachtverkehr auf dem Fluss dienten. Zu der Zeit dümpelten noch einige alte *bum boats* auf dem Fluss, leicht dickbäuchige kleine Schiffe, aber als Warenumschlagplatz hatte der Hafen bei Tanjong Pagar dem Fluss längst den Rang abgelaufen. Die Warenhäuser am Singapore River waren inzwischen schlichtweg heruntergekommen.

◁ *Vorseite: Am hinduistischen Sri Krishnan Temple* **30** *begrüßt der Affengott Hanuman die Besucher*

In einem kleinen Geniestreich ließ die URA (Urban Development Authority), die staatliche Stadtplanungsbehörde, das Gebiet sanieren. Die verwitterten alten Lagerhäuser wurden penibel restauriert und erstrahlten bald in neuem Glanz. In den kleinen Häusern siedelten sich Bars und Restaurants an und heute zeigt sich Singapur an dieser Stelle von seiner hübschesten Seite. Die Bereiche Boat Quay [E5/E6], Clarke Quay [D5] und – in geringerem Maße – Robertson Quay [C5] **gehören heute zum Attraktivsten, das Singapur zu bieten hat.** In Boat Quay und Clarke Quay kann man abends wunderbar *al fresco* essen oder in einer der zahlreichen Bars den Alkoholspiegel ein wenig erhöhen. Zu den Besuchern gehören täglich Tausende von Touristen, aber auch Einheimische wissen zu schätzen, was sie hier haben. Boat Quay und seine Pubs sind ebenso bei westlichen Expats beliebt, die im benachbarten CBD arbeiten, dem Central

Business District. Einige Bars am Südostende von Boat Quay werden nachmittags und abends von Dutzenden von *ang mo* (s. S. 66) im konservativen *office look* belagert und das Bier fließt beinah schneller als der Fluss.

Der Singapore River wird zu beiden Seiten von einer Uferpromenade gesäumt. Beachtenswert sind die **Gruppen von lebensecht wirkenden Figuren,** die entlang des Ufers aufgestellt sind und Szenen aus vergangenen Zeiten darstellen: z. B. einen europäischen Kaufmann, der mit Einheimischen verhandelt, oder chinesische Händler mit langem geflochtenem Haarzopf.

Es lohnt sich, auch einmal einen Blick auf die Rückseite von Boat Quay zu werfen: Dort erstreckt sich – fast parallel zu Boat Quay – die **Circular Road** [E6]. In dieser haben sich zahlreiche schlichtere und preiswertere Restaurants und Bars eingenistet, quasi im Windschatten des teureren und bekannteren Boat Quay.

Zwischen Boat und Clarke Quay verlaufen zwei verkehrsreiche Straßen, die sich aber unterirdisch in einer beinah psychedelisch ausgeleuchteten Passage unterqueren lassen. Man kann den Fluss entlang

flanieren oder sich in einem der Restaurants oder Pubs erfrischen. Zu erwägen wäre auch eine kurze Fahrt in einem der alten *bum boats*. Am Boat Quay und Clarke Quay finden sich einige kleine Piers, an denen man Bootstouren von **Singapore River Cruise** buchen kann. Die Fahrten dauern ca. 30 Minuten und es werden Informationen zu den wichtigsten Sehenswürdigkeiten gegeben. Wem eher nach Abenteuer zumute ist, der kann seinen Mut am North Boat Quay im **G-Max Reverse Bungee** beweisen. Bei diesem wird man in eine Art Gondel geschnallt und dann 60 m in die Luft geschleudert, wobei die Gondel sich auch noch überschlägt.

❯ **Singapore River Cruise,** Tel. 63366111, www.rivercruise.com.sg, ca. 12 € (Kinder 6 €) für eine 30-minütige Tour

🚇**113** [E5] **G-Max Reverse Bungee,** 3E River Valley Rd., Clarke Quay, Singapore 179021, Tel. 63381766 (Ticketschalter), www.gmax.com.sg, Mo–Do 14–1 Uhr, Fr 14–3 Uhr, Sa 13–3 Uhr, So 13–1 Uhr, ca. 25 €/Pers.

❶ Raffles' Landing Site ★ [F6]

Am Nordufer des Boat Quay steht unübersehbar eine **weiße Statue von Stamford Raffles** (s. S. 59), der an dieser Stelle zum ersten Mal in Singapur an Land gegangen sein soll. Der auf einem weißen Sockel stehende Raffles blickt forsch nach Norden, in den Colonial District, und den ganzen Tag lang finden sich Touristen ein, die sich am Sockel der Statue ablichten

EXTRATIPP

In der Stadt unterwegs
Mit den Zügen der MRT und den Bussen sind fast alle Sehenswürdigkeiten leicht zu erreichen. Bei einigen in den Außenbereichen liegenden Lokalitäten wäre vielleicht ein Taxi zu erwägen, da man so etwas Zeit und Umstände sparen kann. Teuer muss es mit den Taxis nicht werden: Die meisten Fahrten von der Innenstadt in die Außenbezirke dürften umgerechnet ca. 5 bis 10 € kosten.

◁ *Urbanes Naturschauspiel: Die Strahlen der untergehenden Sonne reflektieren auf einen Metallsteg, der nun golden erstrahlt*

lassen. Die bunten Restaurants von Boat Quay und dahinter die Hochhäuser des CBD, bilden einen sehenswerten Kontrast. Morgens bis spätnachmittags sitzen zwei oder drei **Schlangenbeschwörer** nahe der Statue und man kann mal eine Kobra „tanzen" sehen. Die Schlangenbeschwörer sind Singapurer indischer Abstammung, insgesamt gibt es kaum ein Dutzend in der Stadt. Die Regierung lässt sie gewähren – unter strikten Auflagen –, um den Touristen einen weiteren exotischen Farbtupfer zu bieten.

❯ MRT: Raffles Place, City Hall

❷ Empress Place Building ★★ [F6]

Gleich neben der Raffles-Statue befindet sich das in zartem Weißgelb gehaltene, sehr attraktive Empress Place Building. Das Gebäude wurde in mehreren Phasen zwischen 1864 und 1920 gebaut und war einst ein staatlicher Verwaltungssitz, heute beherbergt es das **Asian Civilisations Museum** (s. S. 49). An der Ostseite des Gebäudes befindet sich die **Victoria Theatre and Concert Hall.**

❯ 1 Empress Pl., Singapore 179555, MRT: Raffles Place, City Hall

❸ Cavenagh Bridge ★ [F6]

Die Cavenagh Bridge, die nahe dem Empress Place Building den Fluss überspannt, ist Singapurs älteste Brücke und die einzige **Hängebrücke** des Landes. Die aus Stahl gebaute Konstruktion war in Glasgow hergestellt worden, dann wurde sie verschifft und 1869 in Singapur schließlich wieder zusammengesetzt.

Am östlichen Ende der Brücke liegt das monumentale **Fullerton Hotel**

(s. S. 126), das 1928 als Hauptpostamt errichtet wurde. Bis 1997 war das Postamt in Betrieb, dann wurde es verkauft und 2000 öffnete das Hotel seine Pforten.

An der Ostseite des Fullerton Hotels, auf der anderen Straßenseite von Fullerton Esplanade, liegt **One Fullerton**, eine Ansammlung von Büros, Restaurants und Cafés. Von hier bietet sich ein guter Ausblick auf die Marina Bay samt dem architektonisch so ungewöhnlichen Marina Bay Sands Hotel ❿, dem Singapore Flyer ⓬ und dem Merlion ❹.

❯ MRT: Raffles Place

❹ Merlion Park ★ [F6]

Der Merlion ist eine **Halb-Fisch-halb-Löwen-Figur**, die Bezug auf Singapurs Namen (Löwenstadt) und seine maritime Lage nimmt. Die Figur wurde – auf der Suche nach nationalen Symbolen und Ikonen – in den 1970er-Jahren künstlich zu einer Art Nationalsymbol hochgepusht, aber mit Erfolg. Der ca. 8,6 m hohe und 70 Tonnen schwere Merlion ist von einer weiten Plattform umgeben („Merlion Park"), die zahlreichen Menschen Platz bietet. Aus seinem Mund sprüht er eine Wasserfontäne.

So kitschig das Ganze sein mag – es bieten sich hier **großartige Fotografiermöglichkeiten**. Die besten Anblicke ergeben sich in der Dämmerung, wenn der Merlion schon angestrahlt ist und im Hintergrund die erleuchteten Säulengänge des Fullerton Hotels und noch weiter hinten die Hochhaustürme des CBD zu sehen sind (siehe auch das Foto auf S. 68). Sofern das Wetter und der Himmel mitspielen, kann das ein magischer Anblick sein.

❯ MRT: Raffles Place

❺ Padang ★   [F5]

Das Zentrum des Colonial District war der Padang, eine weite, grüne Rasenfläche, die den Kolonialherren als Kricketplatz oder für öffentliche Veranstaltungen diente. Noch heute befinden sich hier die Gebäude des Singapore Cricket Club, der auch heute noch sehr aktiv ist und Mitglieder aus zahlreichen Nationen umfasst. Dazu finden hier heute neben Kricketspielen auch noch andere **sportliche Ereignisse** statt und wenn im September alljährlich das Formel-1-Nachtrennen abgehalten wird, ist der Padang von Zuschauertribünen umrahmt.

An der Westseite des Padang protzt die lang gestreckte, graue **City Hall**, das Rathaus, ein Bauwerk, das auch aus dem London des 19. Jahrhunderts stammen könnte. Gebaut wurde es 1929. Zur Zeit der japanischen Besatzung Singapurs wurden hier die europäischen Bewohner der Stadt zusammengetrieben. Am 12.9.1945 dann nahm Lord Mountbatten an dieser Stelle die Kapitulation der Japaner entgegen.

Links neben der City Hall steht der **Supreme Court**, der Oberste Gerichtshof, dessen Bau von einer Säulenkuppel gekrönt wird. Ein paar Schritte südwestlich des Padang sieht man das **ehemalige Parlament** Singapurs, vor dem eine Elefantenstatue steht, ein Geschenk des siamesischen Königs Chulalongkorn im Jahr 1871. Ein paar Meter weiter nordöstlich, an der North Bridge Road, steht das **neue Parlament**, ein erstaunlich schmuckloser, grauer Klotzbau, der in dieser architektonisch sonst so bezaubernden Umgebung wie ein Fremdkörper wirkt.

❯ MRT: Raffles Place, City Hall

039si Abb.: rk

❻ Armenian Church ★   [E4]

Genau genommen heißt sie „Armenische Apostolische Kirche von St. Georg dem Illuminator", aber aus verständlichen Gründen hat sich der kürzere Name eingebürgert. Die weiße Kirche mit dem zart wirkenden, spitzen Turm wurde 1835 vom Architekten G. D. Coleman erbaut und ist **die älteste Kirche Singapurs**. Coleman, ein Zeitgenosse von Stamford Raffles, zeichnet für zahlreiche hervorragende Gebäude in der Stadt verantwortlich. Hinter der Kirche befindet sich ein gartenähnlicher Friedhof, auf dem armenische Gemeindemitglieder unter Engelsfiguren begraben sind. Die armenische Gemeinde war im 19. Jh. sehr einflussreich, ihr gehörten viele Geschäftsleute an. Die Kirche ist meist offen, sie ist ein friedlicher Ort inmitten des so geschäftstüchtigen Singapur.

❯ New Hill St./Ecke Coleman St., geöffnet 9–18 Uhr, MRT: City Hall

▢ *Klein, fein und ziemlich alt: Die Armenian Church ❻ ist die älteste Kirche Singapurs*

Im Colonial District und am Singapore River

❼ Fort Canning Hill und Battle Box ★ [E4]

Bukit Larangan, „Verbotener Hügel", hatten die Malaien einst Fort Canning Hill genannt, ein zentral in der Innenstadt gelegener Hügel, der mit tropischer Parklandschaft bewachsen ist. Die **höchste Erhebung** in dem Park ist nur 52 m hoch, aber die sich windenden Wanderpfade können einem bei dem feuchten Klima dennoch etwas zusetzen.

In früheren Zeiten war der Hügel der Mittelpunkt des Lebens auf der Insel, Funde von javanischem Goldschmuck aus dem 14. Jh. deuten auf eine frühe Besiedlung hin. Aus dieser Zeit stammt auch das oben auf dem Hügel gelegene **Grabmal des Iskander Shah** (Keramat Iskander Shah), das den Malaien zu Raffles Zeit als heilig galt. 1923 ließ sich Raffles auf der Kuppe des Hügels ein Holzhaus bauen. Im Jahre 1857 musste es einem Fort weichen, das 1907 abgerissen wurde. Auf dem Friedhof am Fuß der Anhöhe ist u. a. der Architekt G. D. Coleman begraben.

Im 2. Weltkrieg war Fort Canning Hill die Kommandozentrale der Briten. In den Hügel hinein war ein weitverzweigtes Tunnelnetz gebaut, das heute besucht werden kann. In dieser **Battle Box** werden durch eine Art Multimediashow die letzten dramatischen Stunden vor der japanischen Übernahme Singapurs dargestellt. Von den zahlreichen Stätten, die an den 2. Weltkrieg erinnern, ist dies die am zentralsten gelegene.

❯ Battle Box, Tel. 6330510, geöffnet tgl. 10–18 Uhr, letzter Zutritt 17 Uhr, Eintritt ca. 5 €, Kinder unter 12 Jahren 3 €
❯ Zugang von Hill St., Canning Rise, Fort Canning Rd., Clemenceau Ave., MRT: Dhoby Ghaut, Bras Basah

❽ Singapore Botanic Gardens ★★★ [bi]

Nur eine kurze Busfahrt führt von der Innenstadt zum Botanischen Garten, einer erfrischenden Oase, die man so nah in der Innenstadt gar nicht vermutet. Der Botanic Garden wurde schon 1859 von den Briten angelegt, aber Singapur hat das grüne Areal perfektioniert – wie könnte es auch anders sein? Wenn man nur einen Park in Singapur besuchen könnte, so sollte es dieser sein. Kurz hinter dem Eingangstor erreicht man den Swan Lake, einen pittoresken kleinen See, der, wie zu erwarten, das Revier einiger Schwäne ist. Weiter geradeaus erstreckt sich eine gepfleg-

KURZ & KNAPP

Eine Blume braucht das Land: Vanda Miss Joaquim

Singapur ist ein junger Vielvölkerstaat auf der Suche nach Identität und so fahndet man auch nach nationalen Symbolen, wie z. B. dem Merlion ❹, der quasi aus dem Nichts erschaffen wurde.

1981 wurde eine **Nationalblume** gesucht und unter 40 Mitbewerberinnen schließlich die Orchidee Vanda Miss Joaquim zur Siegerin gekrönt. Sie war 1983 im Garten von Agnes Joaquim an der 2 Narcis Road in Tanjong Pagar entdeckt worden, wo die **Orchidee** durch Spontankreuzung entstanden sein soll. Manche Blumenexperten hegen Zweifel an dem wundersam-spontanen Entstehen, doch es ist eine schöne Geschichte und die geläufigste Version. Agnes Joaquim schweigt zu allem, sie liegt friedlich auf dem Friedhof der Armenischen Kirche begraben und lässt Gras über sich wachsen.

O40si Abb.: rk

te Park- und Tropenlandschaft, durch die man zum National Orchid Garden gelangt (geringer Eintritt). Hier kann man u. a. **Singapurs Nationalblume Vanda Miss Joaquim** (s. S. 72) bewundern. Etwas weiter geradeaus liegt Palm Valley, ein sich sanft wellendes kleines Tal, das über 100 verschiedene Palmenarten beherbergt. Dies ist vielleicht einer der schönsten Bereiche des Gartens. Es bieten sich zahlreiche Sitzbänke an, von denen aus man die wunderbare Szenerie auf sich einwirken lassen kann. Noch etwas weiter nördlich liegt der Evolution Garden, in dem Schautafeln über den Werdegang der Pflanzen in den letzten 4 Mio. Jahren informieren. Aber es geht hier nicht darum, möglichst viel in möglichst kurzer Zeit zu sehen – dieser bognadcte Garten fordert zum Ausruhen und Relaxen auf.

❯ 1 Cluny Rd., Tel. 64717138, Singapore 259569, www.sbg.org.sg, geöffnet 5–24 Uhr, Anfahrt mit Bus Nr. 7, 75, 77, 105, 106, 123, 174 u. a. oder MRT: Botanic Gardens oder ab der Innenstadt für ein paar Dollar mit dem Taxi

❾ CHIJMES ★★ [F4]

Das seltsame Wort ist die Abkürzung für „Convent of the Holy Infant Jesus Middle Education School" und wird günstigerweise einfach wie „chimes" ausgesprochen. Es ist ein alter Konvent, dem eine Mädchenschule angeschlossen war, samt einer hübschen Kapelle im anglo-französischen Gotik-Stil aus dem Jahre 1904. Die Kapelle ist dekonsekriert und so darf es auf dem Gelände heute sehr weltlich zugehen. Es gibt **Geschäfte, Bars und Restaurants,** wie z. B. das Insomnia, tagsüber ein hervorragendes Restaurant, abends ein angesagter Klub (s. S. 46). Der CHIJMES ist ein kleines Idyll inmitten der Stadt.

❯ 30 Victoria St., Singapore 187996, MRT: Bras Basah, City Hall

⌂ *Einer der Höhepunkte des Botanischen Gartens: das sanft gewellte „Tal der Palmen"*

An der Marina Bay

Marina Bay ist eine kleine Bucht, in die der Singapore River mündet. Rund um die Bucht bieten sich großartige Ausblicke, sei es auf die imposante Skyline der Stadt oder auf das architektonische Wunderwerk Marina Bay Sands Hotel.

Von der Brücke über die Bay an der Fullerton Esplanade lässt sich die ganze Bucht überblicken. Spätnachmittags ergeben sich hier mit der Sonne im Rücken oft magische Bilder – das warme Abendlicht spiegelt sich an den Fassaden des Marina Bay Sands und auf dem markanten Dach des Theaters on the Bay und rechts zeigt sich der um diese Zeit vielleicht schon hell angestrahlte Merlion ❹.

❿ Marina Bay Sands Hotel und SkyPark ★★★ [G7]

Im Juli 2010 eröffnete dieser Hotel- und Kasino-Komplex, den man an vielen Stellen in der Innenstadt schon von Weitem sieht. Zunächst erscheint er vielleicht wie eine Fata Morgana,

denn so etwas kann es doch nicht geben … Das Marina Sands besteht aus drei nebeneinander stehenden, etwas schief aussehenden Hotelbauten, die oben durch eine Schiffskonstruktion miteinander verbunden sind. Der Effekt ist absolut verblüffend. Da steht dieser riesige Hotelklotz und oben drauf liegt etwas, was eindeutig einem Schiff nachempfunden ist.

Das „Schiff" ist das oberste Stockwerk des Marina Sands, das Dach, auf dem einige weitere Überraschungen warten. Hier ist **in 200 m Höhe der SkyPark** angelegt: ein 16.400 qm großes Areal, in dem sich 250 Baumarten und 650 Pflanzenarten befinden. Der größte Clou ist jedoch der 150 m lange **Infinity-Swimmingpool**: Blickt man über seinen Rand, so sieht man entweder nur den Himmel oder man findet sich auf Augenhöhe mit den Wolkenkratzern des CBD. Der Effekt ist in dieser Höhe spektakulär und es gibt kaum einen Besucher, der nicht völlig aus dem Häuschen wäre. Man muss nicht im Hotel wohnen, um den SkyPark besuchen zu können: Er ist jedermann zugänglich. Die Be-

095si Abb.: rk

nutzung des Pools allerdings ist ausschließlich Hotelgästen gestattet.

Die **Aussicht vom SkyPark** ist atemberaubend und der Besuch ein Muss bei einem Singapur-Aufenthalt, egal wie kurz der auch ist. Im Westen überblickt man die grandiose Skyline der Stadt, auf der anderen Seite bietet sich ein Blick bis zu den nahe gelegenen Inseln Indonesiens. Morgens sieht man bei gutem Wetter die gesamte Innenstadt in (noch relativ) zartem Sonnenlicht und zum Sonnenuntergang wird man Zeuge dramatischer Anblicke, wenn die Sonne hinter dem CBD und seinen Lichtern versinkt. Die besten Zeiten sind sicherlich morgens so früh wie möglich (10 Uhr) und vor Sonnenuntergang (ca. 18.30–19.30 Uhr). Der Swimmingpool kann seit Anfang 2012 nur noch in speziellen Führungen besucht werden, da sich Poolnutzer beklagt hatten, dauernd von neugierigen Besuchern begafft zu werden. Die Führungen finden um 11, 14 und 20 Uhr statt. Es dürfen sich jeweils immer **nur 500 Gäste** im SkyPark aufhalten, es könnte somit theoretisch vorkommen, dass man warten muss, bis andere Gäste gegangen sind. Bei Regen oder Gewitter ist der Park zu verlassen. Man beachte die Angaben am Ticketschalter. Wer nicht die Eintrittsgebühr zahlen will, kann sich auch einen Tisch im auf dem Dach gelegenen Restaurant Ku Dé Ta reservieren (s. S. 43).

Sehr gute Aussicht auf die Bucht hat man auch von der futuristisch wirkenden Brücke „The Helix", die von der Nordostseite der Bucht zum **Shoppingcenter „The Shoppes at Marina Bay Sands"** führt, das dem Hotel angeschlossen ist. Im Shoppingcenter kann man sich auf einem künstlichen Kanal per Boot ein wenig herumschippern lassen (ca. 3 €/Pers.),

auf einer künstlichen „Eisbahn" (aus Plastik) Schlittschuh fahren, in einem tollen Foodcourt speisen oder in einem Feinschmeckerlokal einkehren – ganz zu schweigen vom Shoppen in zahllosen Nobelläden. Architektonisch besonders gelungen ist das vor dem Shoppingcenter direkt ins Meer gebaute **Geschäft von Louis Vuitton:** Dieses sieht aus wie ein bizarr geschliffener Diamant, und wenn es abends beleuchtet wird, ist der Effekt spektakulär. Von der davor gelegenen Uferterrasse bieten sich wunderbare Ausblicke auf Marina Bay.

Auf verschiedenen Stockwerken hat man vom Shoppingcenter aus Zugang zum **Spielcasino** des Marina Bay Sands, dem zweiten Casino Singapurs (nach dem Resorts World Sentosa **49**). Das Wohnen in dem gigantischen 2500-Zimmer-Hotel lohnt nur, wenn man ein Zimmer an der Westseite nimmt (bester Ausblick), und zwar in einem relativ hohen Stockwerk. Die Zimmer auf der anderen Seite bieten eine weniger gute Aussicht und können durch die vorbeiführende Schnellstraße bis ca. zum 20. Stock recht laut sein.

Nicht verpassen! Abends findet an der sogenannten „Event Plaza", dem Promenadenbereich an der Westseite von The Shoppes at Marina Bay Sands, die „Wonder Full Light & Water Show" statt. Dies ist ein grandioses Schauspiel aus bunten Wasserfontänen, Laserstrahlen und elektronischer Musik. Nur 15 Minuten dauert das Spektakel, ein Erlebnis ist es aber allemal (So–Do 20 und 21.30, Fr/Sa 20, 21.30 und 23 Uhr, Eintritt frei).

◁ *In der Abenddämmerung oder bei Vollmond wirkt das Marina Bay Sands noch imposanter*

In Würde gealtert und schöner denn je: das Raffles Hotel

Einen ganzen kleinen Straßenblock nimmt das Raffles ein, Singapurs berühmtestes Hotel, zu dem man sich zahlreiche Anekdoten erzählt. Das Gebäude wurde 1899 von den armenischen Brüdern Martin, Aviet, Tigran und Archak Sarkies erbaut. Das geschäftstüchtige Team besaß zu dieser Zeit schon das E&O auf Penang und das Strand in Rangoon - ebenfalls Hotels, um die sich bald so manche Traveller-Legende rankte.

*Auch das Raffles übte eine **magische Anziehungskraft auf die Reisenden des frühen 20. Jh.** aus. Zu den illustren Gästen zählten Somerset Maugham, Rudyard Kipling und Charlie Chaplin, ebenso wie Jawaharlal Nehru und Indira Gandhi, ja auch Michael Jackson wohnte hier und zeigte sich seinen Fans winkend am Fenster. Rudyard Kipling soll nicht vollauf zufrieden mit dem gebotenen Standard gewesen sein: „Der Reisende möge es sich hinter die Ohren schreiben", notierte er, „iss im Raffles, aber schlafe im Hotel de l'Europe." Das (Grand) Hotel de l'Europe befand sich damals etwa an der Stelle des heutigen Supreme Court (s. S. 71).*

*Später wurde das Raffles für seinen **Singapore Sling** berühmt, ein Cocktail, den ein Barmann namens Ngiam Tong Boon in die Alkoholgeschichte hineinmixte. 1925 schüttelte er sich das etwas süße Getränk zum ersten Mal aus dem Handgelenk und in der Long Bar des Raffles war eine Legende geboren. Seine Bestandteile: Beefeater Gin, Cointreau, Cherry Brandy, Benediktiner, Angostura und Fruchtsaft. Heutzutage kann man den Singapore Sling auch „ready-made" in Flaschen kaufen. In der berühmten **Long Bar** darf man sich sogar daneben benehmen: Die Tradition will es, dass man die Schalen der Erdnüsse, die man gereicht bekommt, einfach auf den Boden wirft.*

*Das Raffles machte in den 1980er-Jahren einen reichlich heruntergekommenen Eindruck, wurde jedoch 1989-91 renoviert, wobei sein **kolonialer Charakter** erhalten blieb.*

*Wer - entgegen Kiplings Rat - im Raffles zu wohnen gedenkt, sollte etwas Kleingeld mitbringen (s. S. 125). Zumindest aber sollte man den **Tiffin Room** besuchen, ein hervorragendes Restaurant und stilvolles Überbleibsel der Kolonialzeit. Wie die alten Kolonialisten kann man sich in reichhaltigen Bufetts an indischer und asiatischer Küche schadlos halten.*

> *Vorher zu reservieren ist ratsam (Tel. 64121816, diningreservation. raffleshotel@raffles.com).*
> *Frühstück 7-10.30 Uhr, ca. 35 €, Lunch (Buffet) Mo-So 12-14 Uhr, ca. 45 €, High Tea 15.30-17.30 Uhr, ca. 45 €, Dinner (Buffet) 19-22 Uhr, ca. 55 €, Kinder jeweils etwa 30 % billiger*

> 10 Bayfront Ave., Singapore 018956, Tel. 66888888, www.marinabaysands. com, MRT: Bayfront
> **SkyPark:** tgl. 10-22 Uhr, Eintritt ca. 12 €. Zugang an Tower 3 des Hotelkomplexes (von der Innenstadt aus gesehen ganz links). Am Tower gehts erst rechts über eine Rolltreppe eine Etage tiefer, wo die Tickets zu kaufen sind. Von dort fährt man mit einem Hochgeschwindigkeitsfahrstuhl in den 56. Stock, Fahrzeit 34 Sekunden.

⑪ Gardens by the Bay ★★★ [H6]

2012 wurden hinter dem Marina Bay Sands Hotel ein neuer Geniestreich Singapurs eröffnet. Gardens by the Bay (Foto s. Cover) ist ein großartiger tropischer Park mit künstlichen, 25–50 m hohen, solarbetriebenen „**Super Trees**", die abends in faszinierend-bunten Farben leuchten. Zweimal täglich, 19.45 und 20.45 Uhr, erstrahlen die Bäume in einer grandiosen Licht-und-Ton-Show. Zwischen den Superbäumen ist ein erhöhter Wandelgang angelegt, der „**Skyway**".

Noch interessanter sind vielleicht die zwei großen künstlichen **Klimahallen** oder „Conservatories": der „Flower Dome", in dem ein mediterranes Klima erzeugt wird, samt der dazugehörigen Vegetation, und der „Cloud Forest" mit einer Pflanzenwelt, wie sie in einer Höhe von 1000 bis 2000 m anzutreffen ist. Dazu gehört sogar ein 35 m hoher künstlicher Berg samt Wasserfall – der höchste künstliche Wasserfall der Welt. Insgesamt sind über 220.000 Pflanzenarten zu bewundern.

❯ 18 Marina Gardens Drive, Singapore 018953, www.gardensbythebay.com.sg, Tel. 64206848, geöffnet 5–2 Uhr, Eintritt frei. Die Benutzung des „Skyway" kostet 5 S$, für Kinder 3 S$; geöffnet 9–21 Uhr. Zutritt zu den „Conservatories" 28 S$, Kinder 15 S$; geöffnet 9–21 Uhr, letzter Ticketverkauf 20 Uhr. Für 5 S$ (Kinder 3 S$) kann man das Gelände per „Garden Cruiser" erkunden, ein an den Seiten offener Kleinbus.

❯ Anfahrt mit der MRT bis Station Bayfront, dann den Schildern folgend hinaus aus Ausgang B, ca. 5–6 Min. Fußweg bis zum Park. Oder mit der MRT bis Station Marina Bay, von wo kostenlose Zubringerbusse und Bus Nr. 4000 zum Park fahren.

⑫ Singapore Flyer ★★★ [H5]

Als der Singapore Flyer 2008 eröffnete, war er eine kleine Sensation: **ein 165 m hohes Riesenrad**, das sich im Schneckentempo dreht und von dem sich fantastische Ausblicke auf Singapur ergeben. Mit der Eröffnung des Marina Sands ist dieses Highlight ein wenig ins Hintertreffen geraten. Beim Singapore Flyer sitzen die Gäste in komfortablen, großen Gondeln, selbst Rollstuhlfahrer haben Platz. Der Ausblick im derzeit noch höchsten Riesenrad der Welt ist beinah so gut wie beim Marina Sands, allerdings ist beim Singapore Flyer die Zeit begrenzt – eine Runde oder ein „Flug", wie es offiziell heißt, dauert 30 Min. Angeschlossen sind einige Geschäfte, Restaurants und ein Garten.

❯ 30 Raffles Ave., Singapore 039803, MRT: Promenade, Tel. 67348829, www.singaporeflyer.com, tgl. 8.30–22 Uhr, Eintritt ca. 18 €, bis 13 Jahre ermäßigt. Etwa 40 € kostet es, wenn beim „Flug" noch ein *Singapore Sling* serviert werden soll (nur 14.30, 16.30 und 18.30 Uhr).

⑬ Theatres on the Bay ★★ [G5]

An der Nordwestecke von Marina Bay erstreckt sich der Theaterkomplex Theaters on the Bay mit seinem markanten Dach, das ihm den **Spitznamen „Durian"** eingetragen hat (s. S. 34). Der Architekt hatte den Auftrag, ein einzigartiges Gebäude zu schaffen, das optisch mit dem Opera House in Sydney konkurrieren kann – und das scheint auch gelungen. Das unverwechselbare Gebilde wurde 2002 eröffnet. Es umfasst eine **Konzerthalle mit ausgefeilter Akustik**, einen Theatersaal und eine Bibliothek, die sich mit den dramatischen Künsten befasst. Dazu gibt es eine Open-

Air-Arena, wo man abends, besonders freitags und samstags, oft Freikonzerten lauschen kann und zahlreiche Restaurants, Cafés und Geschäfte. Die **Uferpromenade** ist ein beliebter Platz zum Entspannen oder Spaziergehen. Die Aussicht von hier ist – wie überall entlang der Bucht – einfach unvergesslich.

> 1 Esplanade Drive, Singapore 038981, MRT: Esplanade, Tel. 68288377, www.esplanade.com. Informieren Sie sich in den örtlichen Medien (wie dem Singapore Tourism Board, s. S. 110), welche Veranstaltungen zurzeit geplant sind.

☑ *Bunt renoviertes Chinatown: Der alte chinesische Stadtteil präsentiert sich heute von seiner schönsten Seite, wie hier in der Trengganu Street [D7]*

043si Abb.: rk

In Chinatown und dem CBD ★★★

1822 wurden den unterschiedlichen Volksgruppen auf Stamford Raffles Bestreben hin separate Stadtteile zugeteilt. Da Raffles überzeugt war, dass die Chinesen immer die größte ethnische Gruppe stellen würden, wurde westlich und südwestlich des Singapore River ein weitläufiger chinesischer Stadtteil geschaffen, heute schlicht Chinatown genannt.

Anfangs waren die Chinesen sogar nach Herkunftsgebieten getrennt untergebracht. So entstand ein Fukien-Viertel (Havelock Rd.), ein Swatow-Viertel (South Bridge Rd.) und ein Kantonesen-Viertel (New Bridge Rd.) – und von Raffles wohl kaum geplant: ein berüchtigtes Opiumviertel in der Pagoda Street. Gegen Ende des 19. Jh. wurden die umliegenden Straßen der Pagoda Street zum Rotlichtviertel (s. S. 44). Heute ist die Straße eine touristische Fußgängerzone.

Das historische Herz Chinatowns zeigt sich heute wunderschön renoviert, zahllose Häuser sind in zarten Pastelltönen gestrichen und schöner, als sie es jemals waren. Hier wurde großartige Arbeit geleistet.

Chinatown verschmilzt im Osten mit dem CBD, dem Central Business District, das kommerzielle Zentrum Singapurs.

⑭ Temple of the Sacred Tooth Relic and Museum ★★★ [D7]

2007 wurde dieser Tempel eröffnet, das wohl ansprechendste Bauwerk, das Singapur in den letzten Jahren dazugewonnen hat. Schon von Weitem sieht man sein rotes, imposant geschwungenes Dach, auch die Außenwände des Tempels sind in sattem Rot gehalten: Die Farbe Rot gilt unter Chinesen als Glück verheißend.

Der Tempel wurde von einem singapurischen Mönch erbaut, um ein Zeichen für den Buddhismus zu setzen – was offenbar auch bestens gelungen ist. Die Baukosten betrugen 75 Mio. S$, es wurde an nichts gespart. In der Architektur des aus verschiedenen Stufen bestehenden Daches verbinden sich **chinesische und japanische Elemente**, gestützt wird das Dach durch ein komplexes System von geschickt ineinander verschachtelten Dachstreben – die Zimmerleute, teilweise aus China herbeigeholt, waren Meister ihres Fachs.

Der Haupteingang wird von grimmigen steineren Wächtern flankiert. Hat man sie passiert, so eröffnet sich im Inneren eine **große Gebetshalle** im Stil der Tang-Dynastie, an deren Ende sich drei große Figuren buddhistischer Gottheiten befinden. Von ca. 10 bis 11 Uhr finden hier Gebetszeremonien statt, zu denen sich die Teilnehmer schwarze Talare umhängen und buddhistische Gesänge anstimmen. Die Wände der Halle sind mit Abertausenden von kleinen, filigranen Buddhafiguren verziert – wahre Kleinode, die die gesamten Wände bedecken. Unterbrochen wird diese Tausendschaft nur durch Gebetsnischen, in denen sich größere Figuren von Buddha oder buddhistischen Göttern befinden. Hinter dieser prunkvollen Halle liegt eine kleine Gebetshalle (am Hintereingang des Tempels).

In den beiden Etagen darüber sind Ausstellungs- und Museumsräume eingerichtet, die buddhistische Kunst- und Ritualobjekte beherbergen. Im 4. Stock dann befindet sich das größte Heiligtum des Tempels: eine 3,6 m hohe goldene Stupa, in der **Überres-**

Chinatown Heritage Museum: eine Hommage an die Pioniere
In der Pagoda Street liegt auch das **Chinatown Heritage Museum**, ein Museum, das sich der chinesischen Einwanderung in Singapur widmet. Von außen macht es nicht viel her, innen aber bietet es einen ergreifenden Einblick in das Leben der kleinen Leute von damals, der Kulis oder Riksha-Zieher, die in China bitterer Armut entflohen waren. Eine gute Einstimmung in diesen von Chinesen geprägten Stadtteil.
› Chinatown Heritage Museum, 48 Pagoda Street, Singapore 059207, www.singaporechinatown.com.sg, Tel. 63252878, tgl. 9–20 Uhr, Eintritt ca. 5 € (Kinder 3 €)

te eines Zahnes von Buddha untergebracht sind. Die Stupa besteht aus 420 Kilo Gold, das zum größten Teil von Gläubigen gestiftet wurde. Passend zu der Opulenz ist die Stupa von einem fabelhaft geschmückten Gebetsraum umgeben, es dominieren die Farben Gold und Rot.

An den vier Ecken des Tempels befinden sich Treppenaufgänge, über die man zum Dach gelangen kann, wo Buddhafiguren in die vier Himmelsrichtungen schauen. Das alles ist umgeben von Orchideen und anderen Pflanzen.

Der Temple of the Sacred Tooth Relic ist **ein Meisterwerk** und somit ein Muss auf dem Besuchsprogramm.
› 288 South Bridge Rd. (Hintereingang Sago St.), Singapore 058840, tgl. 7–19 Uhr, freier Eintritt, MRT: Chinatown, Bus Nr. 61, 80, 145, 166, 197, Tel. 6220220, www.btrts.org.sg. Außer im 4. Stock ist fotografieren erlaubt, doch sollte insbesondere während der Gebetszeremonien auf Blitzlicht verzichtet werden.

⓯ Sri Mariammam Temple ★★ [D7]

An der South Bridge Rd./Ecke Pagoda Street reckt sich der **typisch südindische Tempelturm** *(gopuram)* von Singapurs ältestem Hindu-Tempel in die Höhe. Der Tempelturm ist nahtlos sowohl mit bunten Figuren hinduistischer Götter geschmückt als auch mit Darstellungen von ganz „bürgerlich" aussehenden Zeitgenossen. Ein gutes Fotomotiv, vor allem, wenn man ein Teleobjektiv dabei hat.

Der Bau des Tempels geht auf den Inder Narayana Pillai zurück, der zugleich mit Raffles an Land gegangen war und somit als **„Singapurs erster Inder"** gilt. Pillai arbeitete erst als Schreiber in der Verwaltung, machte später aber ein Vermögen als Textilhändler und Ziegeleibesitzer. 1827 stiftete er den Tempel, zunächst als eine einfache Art Palmwedelhütte, 1834 dann entstand die erste Steinkonstruktion, der später weitere Anbauten folgten. Obwohl er mit zahlreichen Figuren der hinduistischen „Dreifaltigkeit" Brahma, Vishnu und Shiva ausgestattet wurde, so ist der Tempel doch der Göttin Mariammam geweiht, Shivas Gemahlin.

❯ 244 South Bridge Rd., Singapore, MRT: Chinatown, Bus Nr. 61, 166, 197, Tel. 62234064, tgl. 7–12 Uhr und 19–21 Uhr

---

KURZ & KNAPP

Eine Religion unter vielen

Der Hinduismus ist im multi-religiösen Singapur eine Minderheitenreligion. Nur 5,1 % der einheimischen Bewohner sind Hindus. Bis auf wenige Ausnahmen sind sie ethnische Inder, die nicht nur zum Thaipusam (s. S. 20) das Straßenbild bereichern.

⓰ Jamae Mosque ★ [D7]

Ein paar Schritte östlich des Hindu-Tempels trifft man auf die kleine, hellgrün gestrichene Jamae-Moschee (Grün ist die Farbe des Islam), die als Nationalmonument gilt. Erbaut von 1830 bis 1835 von einigen Chulia, moslemischen Händlern aus Südindien, verbinden sich in der Moschee chinesische, malaiische und anglo-indische Architekturstile.

❯ South Bridge Rd./Ecke Mosque Street, MRT: Chinatown, Bus Nr. 61, 166, 197

⓱ Jinriksha Station ★ [D7]

Dies ist eines der auffälligsten Gebäude in Chinatown, die **ehemalige Riksha-Zentrale** von Singapur. Sie wurde 1903 gebaut, weist an ihren Seiten romanische Säulengänge auf und wird von einem soliden Turm gekrönt. Rikshas waren 1880 aus Shanghai eingeführt worden, bekamen schon 1885 Konkurrenz durch die Straßenbahn und wurden 1946 durch die – in geringerem Maße bis heute gebräuchlichen – *Trishaws* (Fahrradrikschas) ersetzt.

2007 kaufte kein Geringerer als Jackie Chan das Gebäude für 11 Mio. S$. Der Schauspieler aus Hongkong, der auch weitere Objekte in Singapur sein Eigen nennt, versprach sich durch die in der Jinriksha Station untergebrachten Geschäfte sicher gute Mieteinnahmen.

Betrachtet man das Gebäude von der South Bridge Road aus, sieht man im Hintergrund den massiven, nach außen hin nicht sehr attraktiven Gebäudekomplex des Pinnacle@Duxton (s. S. 57).

❯ 1 Neil Rd./Ecke Tanjong Pagar Rd., Singapore 088804, MRT: Tanjong Pagar, Chinatown, Outram Park

⑱ Thian Hock Keng Temple ★★ [E7]

Mitte des 19. Jh. war die Telok Ayer Street aufgrund der dort ansässigen chinesischen Landsmannschaftsvereinigungen und zahlreicher religiöser Bauten die möglicherweise wichtigste Straße in Chinatown. Der Mittelpunkt war der Thian Hock Keng Temple, der älteste Tempel der Stadt, der sich damals praktisch am Meerufer befand – der Bereich auf der anderen Straßenseite wurde erst später durch Landaufschüttung dem Meer abgerungen.

Der Tempel wurde zwischen 1839 und 1842 ohne Verwendung eines einzigen Nagels gebaut, mit Goldarbeiten verziert und **Ma Ju Por geweiht, der Göttin der Seefahrer.** Bevor Seeleute ihre Reise antraten, beteten sie hier zu der Göttin. Im Tempel ist eine seltene Seidenrolle von Guang Xi (1871–1908), einem König der Qing-Dynastie, zu bewundern.

1973 wurde dieser „**Tempel der himmlischen Glückseligkeit**" – so die Übersetzung aus dem Chinesischen – zum Nationaldenkmal erklärt und 1975 bis 1980 restauriert. Heute sind zahlreiche Gebetsschreine zu besichtigen, die auf mehrere zusammenhängende Gebäude verteilt sind, dazwischen gibt es Wandelgänge, über denen rote chinesische Laternen hängen. In die Türen sind chinesische Figuren eingearbeitet.

❭ 158 Telok Ayer St., Singapore 068613, MRT: Tanjong Pagar, Chinatown, Raffles Place, tgl. 7.30–17.30 Uhr

⌂ Eine Lanze gegen Eindringlinge: Der auf die Tür des Thian Hock Keng Temple gemalte Wächter soll böse Mächte fernhalten

⑲ Nagore Durgha Shrine ★ [E7]

Ein paar Schritte weiter rechts vom Thian Hock Keng Temple liegt dieser kleine Schrein, **eines der wichtigsten moslemischen Heiligtümer** der Stadt, errichtet zwischen 1828 und 1830. Wie so viele religiöse Gebäude wurde er von den Chulia erbaut, den Moslems von der indischen Südküste, die sich in Singapur und Malaysia heute häufig als Geldwechsler betätigen – das *Verleihen* von Geld ist den Moslems verboten und so wird dies von geschäftstüchtigen Hindus übernommen. Der Schrein hat eine Fassade, die eher an ein altes Palastgebäude erinnert und ist an seinen vier Ecken mit Türmen besetzt.

❭ Telok Ayer Rd., Singapore 068613, tgl. 5.45–21.30 Uhr, MRT: Tanjong Pagar, Chinatown, Raffles Place

❷⓿ Masjid Al-Abrar ★ [E7]

Auch diese Moschee geht auf den Baueifer der Chulia zurück. Errichtet wurde sie 1827 an einer Stelle, an der sich zuvor eine schlichte Bambushütte befunden hatte (auf Tamil *Kachu Palli*). Das heutige Gebäude, mit zwei schlanken Minaretten, wurde 1974 zum Nationaldenkmal erklärt.

❯ Telok Ayer St., Singapore 068613, tgl. 5.45–21.30 Uhr, MRT: Tanjong Pagar, Chinatown

❷⓵ Ann Siang Hill ★ [E7]

An der westlich der Telok Ayer Street verlaufenden Amoy Street findet sich an einem 90-Grad-Knick in der Straße der kleine **chinesische Siang Ko Keong Temple**. Ein paar Schritte weiter nordöstlich gehen von der Straße in westliche Richtung Treppen ab, über die man auf die kleine Anhöhe Ann Siang Hill gelangt. Mitte des 19. Jh. wurden auf dem Hügel Muskatnüsse und Gewürznelken angebaut. Heute befindet sich hier ein **kleiner Park mit Sitzbänken** und von der obersten Stelle aus blickt man auf einige Hinterhöfe, aber auch auf die Bürohochhäuser des nahen Bankendistrikts. Man beachte die englisch- und chinesischsprachigen Straßenschilder der Ann Siang Hill Rd. – hier könnte man anfangen, Chinesisch lesen zu lernen, denn das Zeichen für „Hügel" ist ganz eindeutig und auch jedem Laien verständlich. Ann Siang Hill Road und die benachbarte Erskine Road sind, wie weite Teile Chinatowns, liebevoll renoviert und in den ehemaligen chinesischen Wohnhäusern warten heute charmante kleine Cafés und Restaurants auf Gäste.

❯ Ann Siang Hill Rd./Amoy St., MRT: Chinatown, Tanjong Pagar

❷❷ Orchard Road ★★ [C3]

Um 1830 befand sich an der Stelle der heutigen Orchard Road nur ein rustikaler Trampelpfad, zu dessen Seiten Obst- und Gemüsegärten angelegt waren. 1848 wurde aus dem Bereich eine Muskatplantage, in der sogar manches Mal ein Tiger gesichtet wurde.

Die einzigen Tiger, die man heute hier antrifft, sind die auf den Etiketten des in Singapur hergestellten „Tiger Beer" (s. S. 33). Die Orchard Road ist **die bekannteste Shoppingmeile der Stadt,** wenn nicht gar Südostasiens. Falls man aber aufgrund der hohen Preise nicht shoppen möchte, lässt sich in den Straßencafés so manch eisgekühlter Tiger erlegen.

In und um Orchard ist vom malerischen alten Singapur fast nichts mehr übrig. Eine Ausnahme ist die unter Denkmalsschutz stehende **Emerald Hill Road Conservation Area,** bestehend aus Emerald Hill Road, Hullet Road und Saunders Road. Die Häuser auf dem „Smaragd-Hügel" (Emerald Hill) stammen aus der Zeit von 1901 bis 1925 und sind ein pittoreskes Relikt aus der Zeit echter Tiger.

Weiter östlich an der Orchard Road befindet sich der gut bewachte Zugang zum **Istana,** Malaiisch für „Palast". Dies ist der von einem weitläufigen Park umgebene **Sitz des Präsidenten** von Singapur. Ganz im Sinne Singapurs Multikulti-Kultur wird dieser teilweise von nepalesischen Gurkha-Soldaten bewacht. An fünf Feiertagen im Jahr ist das Gelände der Öffentlichkeit zugänglich: CNY, Deepavali, Hari Raya Puasa, Tag der Arbeit und dem Nationalfeiertag (9.8.). Singapurer kommen umsonst hinein, Ausländer zahlen ein paar Cent Eintritt.

In Little India ★★★

Südindien auf Singapurisch – das in etwa ist Little India, der historische indische Stadtteil, eine exotische Mischung aus südindischer Quirligkeit und Farbenpracht, gepaart mit singapurischer Ordnungsliebe. Reisenden, denen Indien immer etwas zu beängstigend erschien, finden hier einen abgemilderten Ersatz.

Little India ist in erster Linie tamilisch geprägt, die meisten der frühen Einwanderer stammten aus der indischen Region Tamil Nadu. Heute gesellen sich aber auch Inder aus anderen Landesteilen hinzu, dazu Bangladescher, Nepalesen und Sri Lanker. Sonntagsabends (ca. 17–23 Uhr) ist Little India besser zu meiden, wenn Zigtausende Gastarbeiter aus dem indischen Subkontinent den Stadtteil förmlich überfluten. An ihrem freien Tag treffen sie sich hier auf einen Schwatz. In diesen Stunden ist Little India so überfüllt, dass man sich kaum durch die Menschenmengen fortbewegen kann. Die Geschäftsinhaber lieben den Sonntag gar nicht, denn viele potenzielle Kunden können nicht bis zu ihrem Geschäft vordringen und die nicht sonderlich gut verdienenden Gastarbeiter sorgen nur für mäßige Beträge in den Kassen.

Interessanterweise verteilen sich die Besucher von Little India nach Ländern: Im südlichen Bereich treffen sich die Inder und die (relativ wenigen) Nepalesen und Sri Lanker, weiter nördlich an der Serangoon Road, nahe dem Mustafa Centre, versammeln sich die Bangladescher. Hier finden sich zahlreiche kleine Restaurants, die rund um die Uhr geöffnet haben.

Infolge der Ausschreitungen im Dezember 2013 (s. S. 61) ist Fr, Sa und feiertags der **Alkoholkonsum** in öffentlichen Bereichen von Little India untersagt. Das Verbot gilt vorläufig bis Juni 2014, danach wird die Regierung die Regelung neu überdenken.

㉓ Veerama Kaliammam Temple ★★ [F1]

Dieser Hindu-Tempel ist ein optischer Mittelpunkt in Little India, seinen mit Götterfiguren geschmückten Tempelturm kann man schon aus einiger Entfernung sehen.

Der Tempel wurde Mitte des 19. Jh. gebaut und ist **der Göttin Kali gewid-**

045si Abb.: rk

△ Früh übt sich: eine der jüngsten Teilnehmerinnen der tamilischen Thaipusam-Prozession (s. S. 20)

046si/ Abb.: rk

met. Mehrmals täglich werden *pu-jas* zelebriert, d. h. von südindischer Tempelmusik begleitete Gebetszeremonien. Die Musiker (meist mit *she-nai,* eine Art Klarinette, und Trommel) spielen passenderweise unter einem Bildnis von Shiva als kosmischem Tänzer. Die hauptsächlich aus Südindien stammenden Priester vollführen Gebetsriten im Hauptschrein, zu dem einige Stufen emporführen.

Speisen im Angesicht der Götter

Gleich vor dem Veerama Kaliammam Temple befindet sich ein Fußgängerüberweg. Wenn man ihn überquert, so läuft man direkt ins einfache **Suriya Restaurant,** von dem aus man das Treiben um den Tempel herum bestens überblicken kann. Nebenbei gibt es extrem preiswerte und sehr leckere südindische Küche zu probieren (vegetarisch).

📷**114** [F1] **Suriya Restaurant,** 140 Serangoon Rd. (Ecke Veerasamy Rd.), Singapore 280041, Tel. 62963070, 7.30–22.30 Uhr

❯ 141 Serangoon Rd./Ecke Belilios Rd., Singapore 218042, MRT: Little India, www.sriveeramakaliamman.com, Tel. 62954538, tgl. 5.30–12.30 Uhr und 16–22 Uhr, Pujas um 5.30, 8, 12, 16, 19.30 und 21 Uhr

㉔ Srinivasa Perumal Temple und Sri Vadapathira Kaliammam Temple ★ [ei]

Der **Srinivasa Perumal Temple** ist Shiva geweiht und Ausgangspunkt der Thaipusam-Prozessionen. (Siehe dazu den Exkurs „Thaipusam: Fest mit Haken, Ösen und Ektase", S. 20.) Schon 1855 ließ an dieser Stelle ein tamilischer Händler eine Gebetsstätte anlegen. Der heutige Bau stammt jedoch aus dem Jahre 1979 und wurde von P. Govindasamy Pillai finanziert, einem stadtbekannten Geschäftsmann und Philanthropen, der aus Südindien stammte. Der Tempel wird von einem 20 m hohen *gopuram* (Tempelturm) überragt, der wiederum mit Götterfiguren geschmückt ist. Darunter sind Perumal (= Shiva) und der elefantenköpfige Ganesh zu sehen.

Der **Sri Vadipathira Kaliammam Temple** ist der Göttin Kali geweiht. Die reiche Dekoration zeigt Kali als allumfassende Mutter, als Blutrünstige und als Todesgöttin. Zur Zeit der Abendgebete (ca. 19–21 Uhr) ist die Tempelvorderseite hell angestrahlt und die dort angebrachten Götterfiguren wirken besonders imposant.

❯ Serangoon Rd., Singapore 218174, MRT: Farrer Park, tgl. ca. 6.30–12 Uhr und 18–21 Uhr

🖼 *Puja im Veerama Kaliammam Temple* ㉓*: Der Oberpriester schreitet in den „Garbhagriha", das Allerheiligste des Tempels*

㉕ Sakya Muni Buddha Gaya Temple (Temple of 1000 Lights) ★★ [ei]

Der Bau dieses buddhistischen Tempels wurde 1929 von einem thailändischen Mönch namens Phra Vuthissara initiiert. Er wurde **im thailändischen Stil** errichtet und in seinem Inneren thront eine 15 m hohe Statue Buddhas, die von zahlreichen elektrischen Lichtern beleuchtet wird. Am Sockel des Kolosses sind Szenen aus Buddhas Leben dargestellt. An der Rückseite der Statue ist eine Öffnung, in der sich eine kleinere, **liegende Buddhafigur** befindet, die auch von den Gläubigen verehrt wird.

❯ 366 Race Course Rd., Singapore 218636, MRT: Farrer Park, tgl. 8–16.30 Uhr

㉖ Abdul Gaffoor Mosque ★ [F2]

Eine kleine Moschee inmitten einer Siedlung, die einst Kampong Kapor hieß („Campher-Dorf") und in der viele moslemische indische Händler zu Hause waren. Die 1907 bis 1910 erbaute Moschee zeigt besonders **auf dem Dach interessante Merkmale:** filigrane Türme mit kleinen Minaretten.

Da die Moschee zu den nationalen Denkmälern gehört, ist sie eine der wenigen in Singapur, aus denen der **Ruf des Muezzin per Lautsprecher** erschallen darf. Fünfmal täglich, darunter schon vor 6 Uhr, wird es in der Umgebung der Moschee also etwas laut. Wer in einer der Backpacker-Unterkünfte in oder nahe der Dunlop Road absteigen möchte (s. S. 122), sollte vielleicht erst einmal ausprobieren, ob die Rufe störend wirken.

❯ 41 Dunlop St., Singapore 209369, 7–12 Uhr u.d 14.30–16.30 Uhr, MRT: Little India, Bugis

In Kampong Glam ★★★

Etwa 15 Gehminuten östlich von Little India liegt das kleine malaiische Viertel Kampong Glam. Wer die beiden Stadtteile nacheinander besuchen möchte, dem ist mit Laufen vielleicht besser gedient als mit einer Bus- oder Taxifahrt, denn aufgrund der zahlreichen Einbahnstraßen, die zwischen beiden liegen, kann die Fahrt etwas kompliziert werden.

Der Name Kampong Glam stammt von den Orang Laut, den „Meerzigeunern", die schon vor Raffles Ankunft auf und um Singapur lebten. Kampong Glam bedeutet „Dorf des Glam-Baumes" *(Melaleuca leucodendron),* dessen Holz zum Bootsbau verwendet wurde.

Raffles ließ die zum Teil sumpfigen Gefilde von Kampong Glam von indischen Strafgefangenen trockenlegen und bald darauf siedelten sich dort moslemische Buginesen, Javanesen, Malaien und Inder an. Das Viertel wurde zum **islamischen Zentrum der Stadt** und mit der Sultan-Moschee bekam es einen unübersehbaren Mittelpunkt. Hier versammelten sich auch die Haji, die Mekkapilger, vor ihrer langen Reise und statteten sich mit dem Notwendigsten aus. Noch heute findet man hier eine Haji Lane. Es lohnt auch, einen Blick in die Arab Street und die zahlreichen Teppich- und Textilgeschäfte zu werfen.

In Vergleich zu Little India und Chinatown ist das Viertel sehr klein, dennoch sehr charmant und vor allem sehr entspannt. Die Bussorah Street an der Sultan Mosque ist eine reine Fußgängerstraße mit Souvenirgeschäften und einigen schmucken kleinen Restaurants, vor allem arabische oder türkische. Statt Alkoholausschank gibt es dort Wasserpfeifen.

㉗ Sultan Mosque ★★ [G3]

Von der Fußgängerstraße Bussorah Street aus bekommt man den besten Eindruck von der Sultan Mosque, die sich hier mit ihrer großen goldenen Kuppel und den schlanken Minaretten von ihrer attraktivsten Seite zeigt. Schon 1824 hatte sich an dieser Stelle eine kleine Moschee befunden, die durch ein Darlehen der East India Company finanziert worden war. Der gegenwärtige Bau stammt aus den Jahren 1924 bis 1928 und sein Gebetsraum bietet **Platz für 5000 Gläubige.**

Einige Bereiche sind nur für Moslems zugänglich; man achte auf die am Eingang befindlichen Schilder.

❯ North Bridge Rd./Arab St./Kandahar St., Haupteingang 14 Bussorah St., Singapore 199437, www.sultanmosque.org.sg, MRT: Bugis, Sa–Do 9.30–12 Uhr und 14–16 Uhr, Fr 14.30–16 Uhr

⌂ Die Sultan-Moschee überragt die liebevoll restaurierte alte malaiische Siedlung Kampong Glam

㉘ Malay Heritage Centre ★★ [H2]

Dieses Museum, das die malaiische und moslemische Geschichte Singapurs zeigt, ist in einem ehemaligen **Sultanspalast** untergebracht. Der Palast, Istana Kampong Glam, wurde 1836 bis 1843 erbaut, wirkte für einen „Palast" aber bescheiden. Bis vor Kurzem dümpelte das Gebäude vor sich hin, zuletzt befand es sich in einem eher heruntergekommenen Zustand. 2004 aber erstrahlte es neu im Gewand des Malay Heritage Centre, einer Idee des ehemaligen Premierministers Goh Chok Tong.

Hier kann man lernen, wie **Batik und Töpferwaren** hergestellt werden und gelegentlich gibt es sogar Workshops dazu. Außerdem wird in neun Sektionen der Werdegang der malaiischen Bevölkerung des Viertels und Singapurs anhand von Exponaten dokumentiert. Heute ist allein schon das wunderschön restaurierte Gebäude einen Besuch wert.

❯ 85 Sultan Gate, Singapore 198501, MRT: Bugis, www.malayheritage.org.sg, Tel. 63910450, Di–So 10–18 Uhr

Bugis

*Wie an anderer Stelle erwähnt, war
die Gegend um die Bugis Street einst
eine berüchtigte Rotlichtzone. In den
1990er-Jahren wurde das Gebiet saniert und renoviert und heute erinnert nichts mehr an die alten „Lotter-
zeiten". (Siehe dazu auch den Exkurs
„Rotlicht über Singapur".)*

Die heutige New Bugis Street ist
eine Art überdachte Basarstraße, auf
der man preiswert Kleidung und aller-
lei Kleinkram erstehen kann. Zahlreiche Durian-Verkaufsstände (s. S. 34)
gibt es auch. Die nahe gelegene Albert Street und der nördliche Teil der
Waterloo Street sind zu einer Fußgängerzone ausgebaut, an der sich zwei
gut besuchte Tempel befinden.

㉙ Kwan Im
Tong Hood Cho Temple ★ [F3]

Dieser chinesische Tempel wurde 1884 erbaut und ist der chinesischen Göttin der Gnade, Kwan Im
oder Kuan Yin, geweiht. Es ist **einer
der populärsten Tempel Singapurs**
und jeden Tag pilgern Tausende von
Gläubigen hierhin. Die Blumenhänd-
ler vor dem Tempel machen gute Geschäfte. Besonderen Zulauf verzeichnet die Göttin sowohl am Vortag des
chinesischen Neujahrs als auch zum
westlichen Neujahr, wenn die Besucher um Glück und Wohlstand beten.
Die Göttin mag es gern vegetarisch,
aus diesem Grund findet sich gleich
nebenan ein entsprechendes chinesisches Restaurant. Auch das nahe-
bei gelegene South-East Asia Hotel
(s. S. 122) bietet seinen Gästen vegetarische Gerichte.
❯ 178 Waterloo St., Singapore 187964,
MRT: Bugis

㉚ Sri Krishnan Temple ★ [F3]

Im 19. Jh. hatte sich an dieser Stelle
ein Banyan-Baum befunden, der von
vielen Hindus als beseelt vom Affengott Hanuman und dem Elefanten-
gott Vigneshwara (Ganesha) angesehen wurde. Der gegenwärtige Tempel wurde erst 1959 gebaut und **ist
Krishna geweiht**. An der Vorderseite
des Gebäudes sieht man einige schöne und ebenso bunte Götter-Reliefs.
So mancher chinesische Besucher
des benachbarten Kwan Im Temple
hält auch hier kurz zu einem Gebet
inne – kosmopolitisches, kosmo-reli-
giöses Singapur!
❯ 152 Waterloo St., Singapore, MRT: Bugis

△ *Die buntgeschmückte Fassade
des Sri-Krishnan-Tempels ist
einen Blick wert*

Im Norden

㉛ Singapore Zoo und Night Safari ★★★ [s. Faltplan]

Gegründet 1973, ist der Singapore Zoo heute ein Musterbeispiel dafür, wie ein Zoo sein soll. Die Tiere werden in beinah wildbahnähnlicher Freiheit belassen und die Barrieren, die Fauna und Menschen voneinander trennen, sind so unsichtbar wie möglich. Hinzu kommt eine **äußerst gepflegte Park- und Tropenlandschaft**, sodass sich hier sowohl Tier- und Naturfreunden als auch Familien mit Kindern eine wunderbare Ausflugsmöglichkeit bietet. Als Michael Jackson in Singapur weilte, wollte er gar den Zoo ganz allein für sich und seine Begleiter haben, aber das wurde ihm dann doch nicht gewährt.

Ist der Tiergarten an sich schon ein Muss, so ist die Night Safari ein Über-Muss. Mit einer Bahn wird man

EXTRAINFO

Achtung Park-Hopper!
Erkundigen Sie sich an den Schaltern von Zoo, Night Safari oder Jurong Bird Park ㊷ nach dem „Park Hopper Ticket", mit dem alle drei Attraktionen zum verbilligten Preis besucht werden können.

durch das nächtliche Gelände gefahren und kann an bestimmten Haltepunkten aussteigen, um die **130 Spezies von Nachtieren** allein oder in kleinen Gruppen zu beobachten. Es ist ein faszinierendes Erlebnis, bei dem man manchmal tatsächlich den Eindruck hat, auf freier Wildbahn zu sein und den Tieren ins Privatleben zu schauen; z.B. wenn die Raubkatzen genüsslich ihr Abendessen zerreißen. Die Rundfahrt mit der Bahn ohne Aussteigen dauert 45 Min. und vermittelt einen guten Überblick über

048si Abb.: rk

das Gebotene. Die Night Safari wurde 1991 hier in dieser Art als Erstes gegründet und hat inzwischen schon einige Nachahmer gefunden. Singapur machts auf jeden Fall richtig.

❯ 80 Mandai Lake Rd., MacRitchie, Bus Nr. 138, 926, 927, MRT Ang Mo Kio und weiter mit Bus Nr. 138 (zusätzlich spezielle Zubringerbusse ab Orchard Rd., Little India, Jurong Bird Park und Sentosa, siehe Website), Tel. 62693411, www.zoo.com.sg bzw. www.nightsafari. com.sg, Zoo: 8.30–18 Uhr, Eintritt ca. 16 €, Kinder 10,50 €; Night Safari: 19.30–24 Uhr, Eintritt ca. 22 €, Kinder 13 € (jeweils inkl. Tram-Fahrt). Rückfahrt von der Night Safari: am besten per Taxi, denn die öffentlichen Verkehrsmittel stellen ihren Betrieb vor Mitternacht ein. Ansonsten bieten sich die Busse der Gesellschaft Bus Hub an, die von 21.30 bis 23.30 Uhr zwischen Innenstadt und der Night Safari hin- und herpendeln. Fahrpreis einfach ca. 3 €, http://www. bushub.com.sg/_saex_to_the_night_ safari.html.

㉜ Liang San Shuang Lin Temple ★ [s. Faltplan]

Inmitten gleichförmiger Vorstadtarchitektur liegt dieser 1908 erbaute buddhistische Tempel, umgeben von Einheitswohnungen der HDB. Hier bekommt man einen guten Eindruck davon, wie die meisten Singapurer leben. Die Raumnot beschränkt die Individualität. Der Tempel selbst hinge-

gen ist ein **gutes Beispiel klassischer chinesischer Tempelarchitektur.** In der großen Gebetshalle befinden sich zahlreiche Statuen von chinesischen Gottkönigen. Ein Highlight ist die 29 m hohe Dragon Light Pagoda, die aus reinem Granit errichtet und mit einer goldenen Turmspitze versehen wurde.

❯ 184 Jln. Toa Payoh, MRT: Toa Payoh, dann Bus Nr. 8, 19, 26, tgl. 7.30–17 Uhr

㉝ Kranji War Memorial ★ [s. Faltplan]

Der 2. Weltkrieg ist eine traumatische Periode in der singapurischen Geschichte und diese Gedenkstätte vermittelt einen guten Einblick in die Schrecken, die der Krieg hierhin brachte. 4000 weiße Gräber verteilen sich über eine stille Hügellandschaft und Erinnerungstafeln erzählen so manche Geschichte des Grauens oder des Heldentums. Hier liegen auch zwei der frühen Präsidenten von Singapur begraben.

❯ 9 Woodlands Rd., Kranji, MRT: Kranji, dann ca. 800 m zu Fuß, tgl. 7–18 Uhr

㉞ Sungei Buloh Wetlands Reserve ★ [s. Faltplan]

Wald, Mangrovenwälder und Teiche sowie 140 verschiedene Vogelarten gibt es in diesem Naturschutzgebiet – dazu kann man möglicherweise noch Affen sehen. Die besten **Vogelbeobachtungen** ergeben sich frühmorgens. Drei Wanderpfade in einer Länge von 3 bis 7 km führen durch das Areal.

❯ 301 Neo Tiew Crescent, Lim Chu Kang, Tel. 67941407, MRT: Kranji, dann Bus Nr. 925, dann 15 Minuten zu Fuß (sonntags fährt der Bus direkt zum Naturschutzgebiet), Mo–Sa 7.10–17 Uhr, So 7–19 Uhr

◁ *Weiße Eminenz: Der weiße Tiger ist nur eine der zahlreichen Attraktionen des Singapore Zoo*

Im Osten

㉟ Joo Chiat
Conservation Area ★★   [hi]

Dieser Bereich im Stadtteil Katong, östlich von Geylang, wird nur wenig von Touristen besucht. Einst war dies ein ruhiges, am Meer gelegenes Dorf, in dem wohlhabende Chinesen und Portugiesen Kokos- und Baumwollplantagen bewirtschafteten. Aufgrund der städtischen Entwicklung und durch **Landgewinnung** veränderte sich hier das Leben jedoch. Die East Coast Road, die das Gebiet im Süden begrenzt, liegt heute nicht mehr am Meer, wie der Name noch andeutet. Landaufschüttungen haben die See einige Hundert Meter zurückgedrängt und die Plantagen sind Neubauten gewichen.

Entlang der Joo Chiat Road und ihrer Seitenstraßen zeigen sich jedoch noch heute prächtige alte Wohnhäuser und **Villen aus dem frühen 20. Jh.** Das Leben ist entspannt und die Bevölkerung ein toleranter Mix aus Malaien, Indonesiern, Chinesen und den chinesisch-malaiischstämmigen Peranakan. Besonders gut schmecken soll hier die typische Peranakan-Spe-

Einmal durch die Niere und zurück: NEWater

*Singapur hat ein chronisches Trinkwasserproblem. Die eigenen Wasserquellen reichen nicht aus und der größte Teil des Trinkwassers wird **über Pipelines aus Malaysia** herbeigeschafft. Die Pipelines sieht man, wenn man über den Causeway, die Brücke zum Festland, nach Malaysia einreist. Malaysia ist per Vertrag verpflichtet, das Bruderland mit Wasser zu versorgen, aber die Beziehungen sind nicht immer ganz harmonisch und leichte Schlagabtausche kommen vor. Aber das kleine Singapur lässt sich nicht gern drohen, schon gar nicht von Malaysia. So wurde in den 1990er-Jahren beschlossen, **Wasserwiederaufbereitungsanlagen** zu bauen, um sich etwas unabhängiger vom malaysischen Wasserfluss zu machen.*

*Seit 2003 gibt es in Singapur **Plastikflaschen mit NEWater** zu kaufen: Wasser, das wiederaufbereitet wurde. NEWater ist heute ein Symbol dafür, wie fortschrittlich Singapur in Sa-*

*chen Umweltschutz ist. Derzeit wird **etwa ein Drittel des singapurischen Wasserverbrauchs** durch NEWater gedeckt. 2020 sollen es 40% sein. Entsalztes Meerwasser macht 10% des Wasserbedarfs aus.*

*Im **NEWater Visitor Centre** dreht sich alles um das kostbare Gut Wasser und um NEWater, ein lehrreiches Erlebnis für Kinder und Schüler. Die Teilnehmer erfahren in diesem Multimediacenter, wie aus verbrauchtem Wasser neues entsteht und spazieren dabei sogar durch einen Filter, so wie es das OLDWater auf dem Weg zum NEWater tut.*

● 115 NEWater Visitor Centre, 20 Koh Sek Lim Rd., Singapore 486593, MRT: Tanah Merah, von dort Zubringerbusse zum NVC oder Bus Nr. 12, 24, 31, 38 ab der Innenstadt, Tel. 65467874, www.pub. gov.sg/water/newater, geöffnet Di–So, Vorführungsbeginn 8.45, 10.30, 12.15, 14 und 15.45 Uhr

zialität *Laksa ("Katong Laksa"),* eine Suppe auf der Basis von Kokosmilch, Chili und Nudeln. In vielen Restaurants des Viertels fällt der malaiisch-indonesische Einschlag auf, aber est gibt auch westliche Speisen sowie u. a. thailändische und vietnamesische Gerichte. Es lohnt sich, wachen Auges durch die hübschen Straßen zu schlendern. Einige Gebäude und Straßenzüge sind besonders sehenswert:

❭ Das scharlachrote Haus an der East Coast Road, ca. 200 m westlich der Joo Chiat Road, direkt an einer Fußgängerbrücke. Dies war einst eine **stadtbekannte Bäckerei,** allerseits nur „Red Bakery" genannt, obwohl sie nicht so hieß. Derzeit wird das Gebäude restauriert und ist hinter der Bauverkleidung kaum zu sehen. In Kürze wird es Teil eines Wohnprojekts names „Red House" sein und sich – nach den Bildern des Bauunternehmens zu urteilen – bestens renoviert zeigen.

❭ Die beiden Gebäude des alten ehrwürdigen **Grand Hotels,** beiderseits der Still Rd. gelegen, südlich der Kreuzung mit der East Coast Road. Beide wurden vor kurzem renoviert und scheinen nun in Privatbesitz zu sein. Das an der westlichen Straßenseite gelegene Gebäude (25 Still Rd.) ist wunderschön hellblau angemalt und wirkt wie ein kleines Märchenschloss. Das auf der anderen Straßenseite gelegene Haus (26 Still Rd.) ist zwar größer, aufgrund seines gräulichen Anstriches jedoch nicht sehr attraktiv.

❭ Die besonders hübschen und malerisch restaurierten Häuser in der Koo Seng Rd.

❭ Die kolonialen, von Gärten umgebenen kleinen **Bungalows in der Kuo Chuan Avenue** südlich der East Coast Road. Heute sind sie begehrte, aber teure Wohnobjekte.

❭ Stadtteil Katong, MRT: Paya Lebar, Eunos, Bus Nr. 16, 33

36 Changi Chapel und Museum ★★ [s. Faltplan]

In den 1930er-Jahren hatten die Briten das Changi Prison gebaut, das zur Zeit der japanischen Okkupation im 2. Weltkrieg jedoch **als Kerker für Briten und andere Alliierte** diente – Ironie des Schicksals. Zeitweise hielten die Japaner 50.000 Soldaten und Zivilisten gefangen, oft oder meist unter menschenunwürdigen Umständen. Das Museum zeigt Ausstellungsstücke und Fotos, die Licht auf das Leben in japanischer Gefangenschaft werfen. Es ist auch eine Hommage an den Überlebenswillen und den Einfallsreichtum der Inhaftierten, die es selbst hier noch schafften, z. B. kleine Radios zu bauen.

Die kleine Kapelle, die auch St. Luke's Chapel genannt wird, ist ein Nachbau der religiösen **Zufluchtsstätte der Gefängnisinsassen.** Das Original war nach Australien verschifft worden, woher ein Großteil der Gefangenen stammte. Die religiösen Wandgemälde, die hier in Kopie zu sehen sind, schuf der Brite Stanley Warren, um den Mitgefangenen Trost zu spenden. Die Originalgemälde befinden sich noch in Block 151 in der Cranwell Road in Changi, in militärischem Sperrgebiet. In den Jahren 1963, 1982 und 1988 kehrte Warren nach Singapur zurück, um die Gemälde zu restaurieren. Es dominieren die Farben Blau und Weiß, weil dem Briten in Gefangenschaft hauptsächlich blaue und weiße Billardkreide zur Verfügung gestanden hatte.

❭ 1000 Upper Changi Rd., Singapore 507707, MRT nach Tanah Merah, dann Bus Nr. 2; oder MRT nach Tampines, dann Bus Nr. 29, Tel. 62142451, www.changimuseum.com, tgl. 9.30–17 Uhr, letzter Einlass 16.30 Uhr, Eintritt frei

Im Süden

③⑦ Mount Faber Park ★   [bk]

Gute Ausblicke ergeben sich vom 106 m hohen Mt. Faber, auf der einen Seite sieht man in Richtung Meer und Hafen, auf der anderen – etwas weniger romantisch – auf moderne, teils farbig gestrichene Wohnsiedlungen. Nach dem Bukit Timah ist Mt. Faber der zweithöchste Hügel Singapurs. Er wurde 1845 nach Captain Charles Edward Faber benannt, der eine Straße baute, die zum Gipfel und einer Signalstation führte.

Wanderpfade ziehen sich quer durch das Gelände und eine Art Ringstraße (Mt. Faber Loop) führt um den südlichen Teil des Parks herum. Dies ist eine gute Joggingstrecke, inklusive schweißtreibender Steigungen (s. Exkurs „Der besondere Tipp: Southern Ridges"). An der Ecke Mt. Faber Loop/Pender Rd. steht die augenfällige, weiß-rote **Danish Seamen's Church**, die eher aussieht wie ein vornehmer Gouverneurssitz aus alten Tagen.

An den Hügel gebaut ist **The Jewel Box**, eine Art hell beleuchteter, riesengroßer Glaskasten, der fünf Restaurants beherbergt, die nach Edelsteinen benannt sind (daher der Name). Es schimmert und leuchtet schon von Weitem.

Ein Souvenirladen ist angeschlossen (199 Mt. Faber Rd., Tel. 6270 8855, www.mountfaber.com.sg). An dieser Stelle befindet sich passenderweise die **Jewel Cable Car Station** (s. S. 96), von der aus eine Art Seilbahn nach Sentosa führt. 2004 feiert das Cable Car seinen 30. Geburtstag. Zu diesem Anlass fand ein Wettbewerb statt, wer zu zweit sieben Tage in einer der Gondeln ausharren kann.
❯ Bus Nr. 409

Im Westen

③⑧ Haw Par Villa (Tiger Balm Gardens) ★★   [s. Faltplan]

Ein bizarrer kleiner Park, der mit Figuren übersät ist, die von einem chinesischen Brueghel entworfen worden sein könnten. **Szenen aus der chinesischen Mythologie** werden dargestellt, dazu solche, die wohl der moralischen Unterrichtung dienen sollen, und solche, die dem Betrachter schlichtweg Höllenangst einjagen. Es ist ein ziemlich einzigartiges Konzept, dennoch scheinen sich hier nur wenige Besucher einzufinden. Kinder dürften sich hier recht gut amüsieren.

Der Park wurde 1937 von den Brüdern Aw Boon Haw und Aw Boon Par gegründet, die ihr Vermögen mit der „Tiger Balm" Salbe gemacht hatten.
❯ 262 Pasir Panjang Rd., Queenstown, Singapore 118628, Tel. 68722780, MRT: Haw Par Villa, Bus Nr. 10, 51, 143, 188, 200, tgl. 9–19 Uhr, geringer Eintritt für die Sonderabteilung „The Ten Courts of Hell" (nur 9–18 Uhr)

③⑨ Bukit Timah Nature Reserve ★★★   [s. Faltplan]

Wer glaubt, es gäbe keine ursprüngliche Natur mehr in Singapur, wird hier eines Besseren belehrt. Das Bukit-Timah-Naturschutzgebiet ist **ein Stück tropischen Regenwaldes**, so wie er zur Ankunft Raffles beinah die gesamte Insel bedeckt hatte. Angeblich beherbergt das Gebiet mehr Pflanzen auf einem Hektar als ganz England zusammen oder mehr Baumarten als auf dem ganzen nordamerikanischen Kontinent zu finden sind. 500 Tierarten leben hier, darunter Makaken, Schlangen und Eichhörnchen.

Der besondere Tipp: Southern Ridges

Das Gebiet um den Mt. Faber Park ❸❼ ist Teil der sogenannten Southern Ridges, der waldbewachsenen südlichen Hügelketten Singapurs. Dieses wunderbare Stück Natur bietet ausgezeichnete Wandermöglichkeiten und die singapurische Regierung hat diese in den letzten Jahren - wie immer - vorbildlich ausgebaut.

Beginnen könnte man die Wanderung am Marang Trail, der am Nordende der Marang Rd., ein paar Minuten Fußweg von VivoCity (MRT: Harbourfront), beginnt. Über eine sich windende, lange Holztreppe steigt man durch dichten Wald zum Mt. Faber empor und bekommt dabei möglicherweise auch einige Affen zu sehen. In westlicher Richtung passiert man dann die Jewel Box (s. o.), anschließend die Danish Seamen's Church (s. o.) und an Letzterer biegt man scharf nach rechts ab und folgt der Straße (Mt. Faber Loop) weiter in nördliche Richtung. Etwa hier geht der „Marang Trail" in einen Wanderweg

über, der „Henderson Waves" getauft wurde. Nach ca. 200 m führt links eine Abzweigung zu einer sehr hohen und langen Fußgängerbrücke über die Henderson Rd. Auf der Brücke gibt es Bänke zur Rast.

Weiter in westliche Richtung schließen sich weitere Wanderwege an, so der Canopy Walk, der Forest Walk und der Hilltop Trail.

Wer eine Stärkung benötigt, kann im **Alkaff Mansion** *einkehren, einer romantischen Villa aus dem 19 h., die heute als italienisches Restaurant dient. Wenn man nun nicht den ganzen Weg zurücklaufen möchte, kann man sich zur nahen Henderson Rd. begeben, von wo Busse in die Innenstadt oder nach VivoCity fahren (z. B. Nr. 57).*

☎**117** *[bk]* **Alkaff Mansion** €€€, 10 Telok Blangah Green, Singapore 109178, www.alkaff.com.sg, Tel. 65103068, Mo-Fr 11.30- 14.30, Sa, So und Fei 8.30-15.30, dazu tgl. 18-23.30 Uhr

---

Das Gelände wird von vier **Wanderpfaden** durchzogen, die nach Schwierigkeitsgraden unterteilt sind. Gehzeit 45 Min. bis 2 Std., Route Nr. 3 führt über einen sich windenden Dschungelpfad vorbei an Höhlen, die japanischen Soldaten im 2. Weltkrieg als Unterschlupf dienten. Dazu gibt es Pfade, die man mit Mountainbikes befahren kann. Am besten, man besucht das Gebiet an einem Wochentag, an den Wochenenden trudeln hier sehr viele Besucher ein. Wanderschuhe und Trinkbares sind mitzubringen.

❭ 177 Hindhede Drive, Panjir Panjang, Singapore 589333, Tel. 1800 4685636, www.nparks.gov.sg, tgl. 7-19 Uhr, Anfahrt mit Bus Nr. 67

●**116** Bikehaus (Fahrradverleih), 553 Bukit Timah Rd., Singapore 269692, Tel. 64683908, www.bikehaus.com.sg

❹❶ **Memories at Old Ford Factory** ★ **[s. Faltplan]**

Eine der zahlreichen Einrichtungen *in memoriam* des 2. Weltkriegs. Die Lokalität ist passenderweise eine alte Ford-Fabrik, in der die Briten vor den Japanern kapitulierten.

Ausstellungsstücke und Text verdeutlichen die Auswirkungen der japanischen Besatzung Singapurs und erhellen einige weniger bekannte Aspekte der Zeit – z. B. die Tatsache, dass einige Chinesen und Eurasier versuchten, auf Nachbarinseln dem Zugriff der Japaner zu entkommen und dort mit Gleichgesinnten Überlebensgemeinschaften aufzubauen. Angeschlossen ist der Syonan Garden.

❭ 351 Upper Bukit Timah Rd., Bukit Batok, Singapore 588192, Bus Nr. 67, 171, 173, 184, 961, Tel. 63327973, http://moff.nas.sg, Mo–Sa 9–17.30 Uhr, So 12–17.30 Uhr, Eintritt knapp 2 €

⓺ Chinese Garden & Japanese Garden ★ [s. Faltplan]

Die im klassischen **chinesischen und japanischen Stil angelegten Gärten** sind übersät mit Bonsai-Bäumen, Pagoden, Pavillons und geschwunge-

nen roten Holzbrücken. Das Hauptgebäude ist dem Pekinger Sommerpalast nachempfunden. Besonders der japanische Teil strahlt beinah zenhafte Ruhe aus. Leider gibt es kaum Schatten und Besuche zur Mittagszeit können so leicht zur Qual werden. Die beste Besuchszeit ist frühmorgens oder spätnachmittags. Von der MRT-Station Chinese Garden läuft man nur ein paar Schritte gen Süden und steht schon gleich inmitten der Anlagen.

❭ Chinese Garden Rd., Jurong East, Singapore 619795, Tel. 62613632, MRT: Chinese Garden, Mo–Fr 6–22 Uhr, Sa, So 6–23 Uhr

⓻ Jurong Bird Park ★★★ [s. Faltplan]

Eine von Singapurs Topattraktionen ist dieser Vogelpark mit 5000 Vögeln

050si Abb.: rk

aus 380 Arten. Darunter sind zahlreiche seltene oder in Südostasien gefährdete Tierarten, beispielsweise Tukane, Pelikane, Ibisse, Flamingos und viele mehr.

Der Park kann sich brüsten, mit 3000 m^2 das **größte Vogelgehege der Welt** zu besitzen. Man kann sogar hineingehen und die insgesamt 1500 dort lebenden Arten beobachten. Im Gehege befindet sich auch ein 30 m hoher künstlicher Wasserfall. Der 1971 eröffnete Park kann immerhin fast 1 Mio. Besucher jährlich vorweisen.

Es werden **einige Tiershows** geboten, darunter eine Papageienshow (13 Uhr), die besonders für Kinder interessant sein dürfte. In der „Early Morning Breakfast Show" kann man in der Gesellschaft diverser geflügelter Stars seine Morgenmahlzeit einnehmen (Hawk Cafe Palm Plaza, 8.30 Uhr). Oder man darf am eigenen Leib erfahren, wie sich ein Falkner mit einem der edlen Raubvögel auf dem Arm fühlt.

❯ 2 Jurong Hill, Boon Lay, Singapore 628925, Tel. 6265022, www.birdpark. com.sg, MRT: Boon Lay, dann Bus Nr. 194, 251, tgl. 8.30–18 Uhr, Eintritt ca. 15 €, Kinder 9 €

◁ *Einer der handzahmen und farbenprächtigen Bewohner des Jurong Bird Park*

43 **Singapore Science Centre** ★ ★ ★ **[s. Faltplan]**

Über 1000 Exponate zur allen Bereichen der Wissenschaft, bei denen es scheppert, kracht, blitzt oder zischt – oder es sonstwie zu Überraschungen kommt. Das **interaktive Konzept für Kinder** ist unterhaltsam und vor allem lehrreich. Kein Wunder, dass singapurische Kinder in Wissenschaftswettbewerben so gut abschneiden. Im angeschlossenen **Omni-Theatre** gibt es Dokumentar- und Zeichentrickfilme, teilweise in IMAX 3D und Super-Surround-Sound, ein fesselndes, Hirnzellen anregendes Erlebnis.

❯ 15 Science Centre Rd., Singapore 609081, MRT: Jurong East, dann Bus Nr. 66, 335, www.science.edu.sg, Tel. 64252500, Di–So 10–18 Uhr, Mo nur an Fei, ca. 7 €, Kinder 5 €, mit Besuch eines 3D-Kinos oder Special-Effect-Theaters etwas teurer

44 **Singapore Discovery Centre** ★ ★ **[s. Faltplan]**

Das Singapore Discovery Centre ähnelt dem Science Centre **mit zahlreichen technischen und wissenschaftlichen Exponaten** und der interaktiven Ausrichtung. Hier geht es aber vor allem um Singapur und singapurischen Kindern wird ein wenig Nationalstolz eingebläut, wenn auch auf spielerische Weise. Unter anderem darf ausnahmsweise mal geschossen werden, wenn auch nur mit einer modifizierten Version der in Singapur entwickelten und hergestellten SAR 21 („Singapore Assault Rifle 21").

❯ 510 Upper Jurong Rd., Singapore 609081, Tel. 67926188, www.sdc.com. sg, MRT: Boon Lay, dann Bus Nr. 182, 193, Di–So 9–18 Uhr, Mo nur an Fe, ca. 6 €, Kinder 4 €

Sentosa ★★★

Vor einigen Jahrzehnten noch wurde das Wort Sentosa von vielen Reisenden mit eher zynischen Gesichtsausdrücken quittiert: Mit seinen künstlichen, etwas kitschigen Attraktionen galt Sentosa als so etwas wie ein südostasiatisches Disneyland, nur nicht so gut wie das Original.

Mit Singapurs rapider Entwicklung hat sich aber auch Sentosas Gesicht grundlegend gewandelt. Die Insel (www.sentosa.com.sg) ist heute so vollgespickt mit Sehenswürdigkeiten verschiedener Art, dass jeder etwas Begeisterndes finden kann. Für **Familien mit Kindern** ist Sentosa ideal.

Die Insel umfasst eine Fläche von ca. 5 qm und liegt vor Singapurs Südküste. In ihrer Vergangenheit war sie unter verschiedenen Namen bekannt, erst 1972 wurde die Insel Sentosa getauft, Malaiisch für „Ruhe und Zufriedenheit".

Anfahrt nach Sentosa

Die Anreisemöglichkeiten nach Sentosa sind zahlreich, beinahe verwirrend zahlreich:

❭ Mit der **MRT** bis zur Station HarbourFront, unter der VivoCity Mall gelegen. Im 3. Stock des Vivo befindet sich ein **Ticketschalter** für den Sentosa Express oder Monorail, ein einspuriger Zug. Der Eintritt für die Insel beträgt ca. 2 € und man erhält eine kostenlose Überblickskarte von Sentosa. Es gibt auch Automaten für den Ticketkauf. Mit dem Zug gelangt man auf Sentosa zu den Haltestellen Waterfront Station, Imbiah Station und Beach Station. Man kann die Züge während Ihres Aufenthalts auf Sentosa beliebig oft benutzen (innerhalb des betreffenden Tages). Alternativ könnte man auch zu Fuß die 600 m lange Verbindungsbrücke

zwischen dem „Festland" und Sentosa – genannt Sentosa Gateway oder neuerdings auch **Sentosa Boardwalk** – überqueren. Diese ist sogar überdacht und Rollbänder machen das Laufen größtenteils sogar überflüssig. In der daneben gelegenen VivoCity Mall weisen Schilder den Weg zum Sentosa Boardwalk.

❭ Zur VivoCity Mall gelangt man per **Bus** mit Nr. 10, 30, 30E, 57, 65, 80, 97, 97E, 100, 131, 143, 145, 166, 866 NR1, NR6. Dann wie oben beschrieben weiter mit dem Sentosa Express.

❭ Eine besondere Anreisemethode ist die im **Jewel Cable Car**, eine Art Seilbahn, in deren Gondeln man über Singapur schwebt und so „auf höchstmöglichem Niveau" nach Sentosa gelangt. Abfahrt an The Jewel Box auf Mt. Faber (www.mountfaber.com.sg), tgl. 8.30–22 Uhr; einfache Fahrt ca. 14 €, Kinder ca. 8 €, Retourtickets gegen einen minimalen Aufpreis, dazu häufig *Packages* wie z. B. Nachtfahrten für Paare, bei denen man fast die Hälfte spart.

❭ Mit dem **Taxi** kann man die meisten Sehenswürdigkeiten erreichen, zumindest soweit es die Straßen auf Sentosa

The Wine Company

Besonderer Tipp: Mitten auf dem **Sentosa Boardwalk** befindet sich The Wine Company, ein Weinlokal mit einer Auswahl von 300 Weinen. Abends ist dies ein wunderbarer Ort, um zu entspannen und sich ein wenig Meerwind um die Ohren wehen zu lassen. Die Aussicht ist auch nicht zu verachten.

❭ www.thewinecompany.com.sg, Mo–Do 17–24 Uhr, Fr, Sa und am Tag vor Fei 17–1 Uhr, So und Fei 12–23 Uhr)

und eventuelle Sperren erlauben. Auf das Taxameter wird automatisch eine Eintrittsgebühr geschlagen (je nach Tageszeit ca. 1 bis 3 €, an Wochenenden und Feiertagen etwas mehr). Taxikosten ab der Innenstadt ansonsten ca. 5 bis 7 €, dazu eventuelle Rushhour-Zuschläge.

❯ Der **Sentosa Rider** ist ein spezieller Bus, der von einigen Stationen in der Innenstadt abfährt, z. B. ab Marriott Hotel und dann die Orchard Rd. entlang (ca. 3 €). Eine zweite Linie führt vom Excelsior Hotel über das Raffles Hotel und den Singapore Flyer nach Sentosa.

❯ Dazu gibt es einen speziellen Touristenbus, **Sentosa Attraction (SE) Hopper,** der über drei verschiedene Routen nach Sentosa fährt (www.sanstours.com/sentosabusschedule.html)

❯ Resorts World Sentosa **49** betreibt einen **kostenlosen Busservice** zum Resort und dem angeschlossenen Kasino. Es fahren verschiedene Linien, die meisten von Vororten aus. Einsteigemöglichkeiten an einigen MRT-Stationen, so Ang Mo Kio, Bedok, Bishan, Buona Vista, Redhill und Tampines, Abfahrt alle ½ bis 1 Std.

Verkehrsmittel auf Sentosa

❯ Auf Sentosa angekommen, kann man sich **mit den kostenlosen Bussen** der roten, blauen oder gelben Linie fortbewegen. Auf der Überblickskarte von Sentosa, die mit dem Eintrittsticket übergeben wurde, sind die Routen und Haltepunkte der Busse verzeichnet. Restaurants, Imbissbuden und 7-Eleven-Läden finden sich überall auf der Insel.

🔴 Butterfly Park and Insect Kingdom ⭐ [bl]

Zahllose exotische Schmetterlinge und vielfältigste Krabbeltiere in tropischer Landschaft, und man kann sogar mit ihnen fürs Fotoalbum posieren. Dazu ein Insektenmuseum.

❯ 51 Imbiah Rd., Tel. 62750013, www. jungle.com.sg, tgl. 9.30–19 Uhr, Eintritt 10 €, Kinder (3–12 J.) 6 €

⌂ *Auf der Fußgängerbrücke Sentosa Boardwalk lässt sich eine gemütliche Weinpause einlegen*

🔴46 Imbiah Trail ★★ [bl]

Wanderpfade führen durch ein Dschungelgebiet inmitten der Insel, kein schwieriger Treck, schlimmstenfalls setzt einem die Hitze etwas zu. Der Imbiah Trail wird in der Regel relativ wenig besucht, sodass man hier ein wenig Ruhe in der Natur genießen kann.

🔴47 Fort Siloso ★★ [bl]

Von diesem Fort am Westzipfel der Insel aus verteidigten sich die Engländer im 2. Weltkrieg gegen die Japaner. Die engen Gänge und Räume der Festung vermitteln einen guten Eindruck vom beengten Leben der Soldaten. Eine Geräuschkulisse aus explodierenden Bomben, Sirenengeheul und Flugzeuglärm untermalt den Besuch – da kann einem schon etwas mulmig werden.

Auf dem Gelände sind Kanonen ausgestellt und in einem Wachsfigurenkabinett sind Szenen aus den Kriegstagen nachgestellt. Am bekanntesten ist die Szene im **Surrender Chamber,** in der Briten und Japaner die Übernahme Singapurs durch die Japaner besiegeln. Die Wachsfiguren wirken erstaunlich lebensecht. Wenn man ihnen aber zu nahe kommt (vielleicht beim übereifrigen Fotografieren), wird ein Alarm ausgelöst.

❯ Tel. 7368672, www.fortsiloso.com, tgl. 10–18 Uhr (letzter Einlass 17.30 Uhr), Eintritt ca. 5 €, Kinder 3 €, kostenlose Führungen Fr/Sa/Fei 12.40 und 15.40 Uhr

Gefangen auf der Ferieninsel

Eine kuriose Fußnote in der Geschichte Sentosas besagt, dass die Insel einst auch einen politischen Gefangenen beherbergte. Chia Thye Poh (geb. 1941) war unter Berufung auf Singapurs strengen ISA (Internal Security Act, „Gesetz zur inneren Sicherheit") wegen angeblicher pro-kommunistischer Aktivitäten 23 Jahre lang ohne Gerichtsverfahren auf der Hauptinsel Singapur inhaftiert gewesen. 1998 wurde er entlassen und war offiziell frei, wurde aber sogleich nach Sentosa verbannt. Hier verbrachte er neun Jahre. Für die Wohnung, die ihm zwangsweise zugeteilt wurde, musste er sogar Miete zahlen.

*Chia war **der am längsten inhaftierte politische Gefangene Singapurs** - und sogar der Welt, wenn man die Jahre auf Sentosa mitrechnet. Nelson Mandela belegt mit 23 Jahren Haft den ehrenvollen zweiten Platz. Chia lebte später zwecks Studiums in Holland und zuletzt in Surinam.*

*Moral aus der Geschicht: Wer sich mit der singapurischen Regierung anlegt, hat nichts zu lachen. Das haben auch schon einige Journalisten zu spüren bekommen und so manch ein Oppositioneller. Ein Paradebeispiel ist J. B. Jeyaratnam (1926-2008) von der „Workers' Party of Singapore". Jeyaratnam war **der erste oppositionelle Parlamentsabgeordnete Singapurs,** allerdings wurde er von der Regierung mit Gerichtsverfahren überhäuft, in den Bankrott getrieben und als Abgeordneter disqualifiziert.*

48 MegaZip Adventure Park ⋆⋆ [bl]

Hangeln, hängen, klettern und ein Wettrennen in einer Seilbahn – der MegaZip-Abenteuerpark ist ein beeindruckendes Erlebnis und ein großer Spaß für Kinder, aber auch Erwachsene werden ihr Vergnügen haben bzw. ins Schwitzen kommen.

〉 Imbiah Hill Rd., Tel. 68845602, www.megazip.com.sg, tgl. 11 – 19 Uhr, Eintritt ca. 22 €, dazu Extrakosten bei diversen Attraktionen

49 Resorts World Sentosa ⋆⋆ [bl]

2010 wurde dieser Hotel- und Kasinokomplex eröffnet, das erste von bisher zwei Kasinos in Singapur. Über eine psychedelisch ausgeleuchtete Rolltreppe gelangt man zum unterirdisch angelegten **Kasino**. Singapurer und *Permanent Residents* müssen 100 S$ Eintritt zahlen (was die Spielleidenschaft der eigenen Bevölkerung im Zaum halten soll), alle anderen kommen umsonst hinein. Reisepass nicht vergessen. Das Kasino ist rund um die Uhr geöffnet.

Um das Kasino herum befindet sich ein **Shoppingkomplex**, der wiederum von sechs Hotels umgeben ist. Die Hotels zielen auf eine unterschiedliche Klientel ab, so sind Hotel Michael und Hotel Equarius gut geeignet für Familien, während das **Hard Rock Hotel** (s. S. 125) eher für Menschen mit einem unabhängigeren oder unkonventionelleren Lebensstil gedacht ist.

Der „Lake of Dreams" nahe dem Hotel Michael ist eine Art futuristischer Teich, an dem sich abends **Licht- und Laserstrahlen**, Wasserkanonen und seltsame Klangwelten dazu vereinen, die Sinne zu betören. Die Szenerie ist sehr beeindruckend – und kostenlos dazu.

〉 www.rwsentosa.com

☑ *Der „Lake of Dreams" am Kasino von Resorts World* 49 *wird abends mit einer Licht- und Lasershow in ein exotisches Farbenmeer verwandelt*

052si Abb.: rk

🔟 Universal Studios Singapore ★★ [cl]

In diesem Teil der Resorts-World-Anlage werden Shows und wilde Fahrten durch **die Welt bekannter Filmhits** von Shrek über Jurassic Parc bis Madagascar geboten. Das Zauberschloss des Parks kann man schon bei der Anfahrt per Monorail von VivoCity aus sehen – Neuschwanstein lässt grüßen. Ein großartiges Erlebnis für Kinder, sofern ihre Eltern bereit sind, die hohen Eintrittspreise zu zahlen.

❭ Resorts World Sentosa, Tel. 65778899, www.rwsentosa.com/Attractions/ UniversalStudiosSingapore, tgl. 10–19 Uhr, Eintritt ca. 45 €, Kinder (4–12 Jahre) ca. 30 €, Personen ab 66 Jahre ca. 20 €, spezielle Mehrtages- oder Wochenendtickets, in Hochsaison (Zeiträume auf der Homepage) etwas höhere Preise

☐ *Der malerische Palawan Beach ist eines der Highlights auf Sentosa*

🔟 Underwater World and Dolphin Lagoon ★★ [bl]

Durch einen gläsernen Tunnel durchläuft man die Welt der Meeresbewohner, es sind 2500 Tiere aus 250 Spezies zu sehen. An der Delfinlagune kann man Delfine, Rochen und andere freundliche Vertreter der Meeresbevölkerung kennenlernen und sie vielleicht auch füttern. Für ca. 100 € kann man mit Delfinen schwimmen.

❭ 80 Siloso Rd., Tel. 62750030, www.underwaterworld.com.sg, tgl. 9–21 Uhr, Eintritt ca. 18 €, Kinder (3–12 Jahre) ca. 13 €

🔟 iFlySingapore ★★ [bm]

Dies ist eine von Sentosas neuesten Attraktionen! iFlySingapore ist der größte künstliche Windkanal der Welt, eine großartige Gelegenheit zum **Skydiving** mit Blick über Sentosa und das Meer. Durch den Wind von zwei Turbinen, die eine Windgeschwindigkeit von 120 km/Std. erzeugen, wird man in die Lüfte gehoben und praktisch schwerelos. Passend zur Flugthematik ist das Gebäude ei-

053si Abb.: rk

nem Flughafen-Terminal nachempfunden und wie bei einem richtigen Flug hat man zuvor ein Check-In zu absolvieren: 1½ Std. vorher wird man von einem Instrukteur auf das Erlebnis vorbereitet und am Ende bekommt man seine Flugkleidung angelegt. Insgesamt ein tolles, wenn auch nicht ganz billiges Vergnügen.

❯ 43 Siloso Beach Walk 01–01, Vorbuchungen unter Tel. 6571000, www.ifly singapore.com, geöffnet Mi 10.30–22 Uhr, Do–Di 9–22 Uhr, Eintritt ca. 55 €, Kinder knapp 50 € (7–12 Jahre), für Familien (2 Erwachsene, 2 Kinder) ca. 170 €. Dafür erhält man 2 Flüge von jeweils 45 Sekunden Dauer. Mitzubringen ist der Reisepass.

53 S.E.A. Aquarium ★★ [bl]

Ein relativer Neuzugang auf Sentosa, aber einer, der sich sehen lassen kann: Dies ist das **größte Aquarium der Welt** und zu sehen gibt es 800 Fischspezies aus unterschiedlichen Meeresgefilden. Darunter sind 200 Haie, Muränen, Mantarochen u. v. m.

❯ Resorts World Sentosa, www.rwsentosa. com, tgl. 10–19 Uhr, Eintritt 22 €, Kinder 16 €. Das Aquarium ist von VivoCity aus gut zu Fuß zu erreichen; wenn man den Sentosa Boardwalk überquert hat, liegt es gleich rechts.

Strände auf Sentosa

Eines der Highlights auf Sentosa sind ihre Strände, die man in solcher Schönheit hier vielleicht gar nicht erwartet. Der Sand ist teilweise künstlich aufgeschüttet und die Vegetation wurde von Menschenhand hierhin gepflanzt, doch das tut der pittoresken Herrlichkeit keinen Abbruch.

Mit der Monorail gelangt man zur Beach Station, von der man in einigen Minuten Fußweg zum Meer gelangt. Westlich davon liegt der **Siloso Beach,** ein ausgedehnter Strand mit weißem Sand, im Westen flankiert vom Rasa Sentosa Resort. Östlich der Beach Station liegt zunächst der vielleicht noch sehenswertere **Palawan Beach** mit einigen malerischen kleinen Buchten. Wiederum weiter östlich schließt sich der **Tanjong Beach** an, der einsamste der Strände und vielleicht der beste. Hier finden sich zwei kleine von Kokospalmen gesäumte Buchten. Die Kokospalmen stehen etwas weit auseinander, ein dichter Wald ist es nicht, aber dennoch: ein tropisches Idyll.

Etwas störend wirken generell nur die Tanker und Ozeanriesen, die im Hintergrund an Sentosa vorbei in Richtung Hafen fahren, auch soll das Wasser gelegentlich mit Öl verschmutzt sein.

★118 [bl] Siloso Beach
★119 [cm] Palawan Beach
★120 [cm] Tanjong Beach

Weitere Inseln

54 Pulau Ubin ★★ [s. Faltplan]

Die vor der Ostküste Singapurs gelegene Insel Pulau Ubin ist doppelt so groß wie Sentosa (ca. 10 qkm) und wird von der Regierung bewusst als eine Art „Naturreservat" von großstädtischer Entwicklung fern gehalten. Hier dürfen zwar noch Taxis fahren, die auf der Hauptinsel aus Altersgründen ausrangiert wurden. Es gibt aber nur sehr wenige von ihnen. Von Autoverkehr kann daher kaum die Rede sein. Nach dem Willen der Planer soll gezielt ein Gegenpol zum urbanen Singapur und ein Naherholungsziel geschaffen werden.

Pulau Ubin umfasst ein paar Garnelenfarmen, ein Polizei- und Militärübungsgelände – und dazu viel Wildnis, die so manche Singapurer zu Wochenendabenteuern reizen. In einem See, dem Pekan Quarry Lake (auch Ho Man Choo Quarry Lake), der in einem alten Steinbruch entstanden ist, kann man baden – aber Vorsicht, es gibt tückische Strömungen und es sind schon Besucher ertrunken. Weiterhin finden sich hier einige kleine Restaurants, ein kleiner Thai-Tempel und generell viel **Ruhe und Idylle.** Zur Fortbewegung eignet sich am besten ein Fahrrad, das man für ein paar Dollar bei Ankunft auf der Insel mieten kann.

Nahe dem Hauptpier der Insel befindet sich auch ein Informationskiosk (Tel. 65424108, 8.30–17 Uhr).

❯ Mit Bus Nr. 2, 2A, 29, 59, 109 zum Changi Village, dann vom Changi Point per Fähre, Tel. 65429744, www.nparks. gov.sg, 6–20 Uhr,

🟣55 Kusu Island (Pulau Kusu) ⭐ [s. Faltplan]

Neben einem **chinesischen Tempel,** der Tua Peh Kong geweiht ist, dem taoistischen Gott des Reichtums, beherbergt die Insel auch einen „**keramat", einen moslemischen Schrein.** Der Legende nach entstand Pulau Kusu, als eine mit magischen Kräften ausgestattete Riesenschildkröte sich flugs in eine Insel verwandelte, um zwei Schiffbrüchige zu retten. Zum Dank wird einmal im Jahr eine Pilgerfahrt von Singapur aus abgehalten (Okt./Nov.), bei der man günstigerweise auch gleich um Reichtum beten kann.

Es ist aber auch möglich, in der einen oder anderen Lagune zu schwimmen. Ein Aufenthalt über Nacht ist

nicht gestattet, man sollte sich also vergewissern, wann die letzte Fähre geht.

❯ Mit Fähre ab dem Marina South Pier, 31 Marina Coastal Drive, MRT: Marina Bay, Tel. 63751538, Anfahrt mit Bus Nr. 402 ab MRT Marina Bay oder ab Shenton Way (MAS Bldg.). Watertours Pte. Ltd. bietet Bootsausflüge auf die Insel, Abfahrt 10.30 und 15 Uhr. Tel. 65339811, www.watertours.com.sg. Weitere Fähren siehe Anfahrt St. John's Island unten.

🟣56 St. John's Island ⭐ [s. Faltplan]

Einst als Quarantänestation und Strafkolonie genutzt, ist die Insel heute sehr beliebt bei Campern, Schwimmern und Schnorchlern. Es gibt einen etwa einen Kilometer langen Strand (samt dorthin verpflanzter Palmen), drei Lagunen sowie Basketball- und Fußballplätze, Toiletten und Unterkünfte.

2006 beschloss die Regierung, die kleineren Inseln in der Meerenge von Singapur (Singapore Straits) zu Ferienzielen auszubauen und in diesem Zuge St. John's Island, Lazarus Island und Pulau Seringat durch Landaufschüttung zu verbinden. Das ist mittlerweile geschehen: Pulau Seringat und Lazarus Island verbindet an ihrer Schnittstelle nun ein 800 m langer Strand, flankiert von tausend (künstlich eingepflanzten) Kokospalmen. Unterkunftsmöglichkeit besteht im „Holiday Bungalow", Tel. 7368672.

❯ Anfahrt per Fähre ab dem Marina South Pier (s. o.) mit Island Cruise, www. islandcruise.com.sg, Abfahrt Mo–Fr 10 und 14 Uhr, Sa 9/12/15 Uhr, So/Fei 9/11/13/15/17 Uhr. Die Schiffe fahren nach einem Halt auf St. John's Island weiter nach Kusu Island.

Praktische Reisetipps

005si Abb.: rk

An- und Rückreise

Lufthansa (www.lufthansa.com) und Singapore Airlines (www.singapore air.com) fliegen jeweils 2-mal täglich von Frankfurt (FRA) nonstop nach Singapur (SIN), Flugzeit 11 Std. 55 Min. bis 12 Std. 15 Min. Preiswerter fliegt man u. U. mit Gesellschaften, bei denen umgestiegen werden muss, z. B. Emirates (umsteigen in Dubai), MAS (Kuala Lumpur), Thai Airways (Bangkok) oder Srilankan (Colombo). Bei der Flugkombination mit den Partner-Airlines Air Berlin und Etihad wird in Abu Dhabi umgestiegen.

Zahlreiche Verbindungen bestehen aus Asien, teilweise mit preiswerten Budget-Airlines, beispielsweise ab zahlreichen Städten in Indien mit Jet Airways oder IndiGo, ab Thailand oder Indien mit Air Asia oder Tiger Airways, ab Indonesien mit Lion Air oder Air Asia. Etwas teurer ist Silk Air, eine Tochtergesellschaft der Singapore Airlines, die Singapur mit zahlreichen Ländern in der Region verbindet.

Ankunft

Je nachdem, mit welcher Fluglinie man einfliegt, entsteigt man dem Flugzeug entweder an Terminal 1, 2 oder 3 des **Changi Airport** (ein vierter Terminal ist in Planung). Die Flüge von Singapore Airlines enden an Terminal 2 oder 3, die der Lufthansa an Terminal 2.

Der Flughafen ist bestens ausgeschildert und die Schilder „Arrival" geleiten die Reisenden zu den eine Etage unter der Ankunftshalle gelegenen **Einreiseschaltern.** Vor der Landung erhält man im Flugzeug schon eine Landekarte (Embarkation Card), die mit den persönlichen Daten ausgefüllt und samt dem Reisepass am Einreiseschalter vorzulegen ist. Ein abtrennbarer Teil der Einreisekarte verbleibt beim Einreisenden und wird bei der Ausreise einbehalten, bei Verlust muss der betreffende Abschnitt lediglich neu ausgefüllt werden.

Gleich hinter den Einreiseschaltern befindet sich ein **Duty-Free-Shop.** Für den zollfreien Einkauf sind Reisepass und Bordkarte vorzulegen. Pro Person kann man 1l Spirituosen kaufen, dazu 1l Wein und 1l Bier bzw. 2l Wein und 1l Bier oder umgekehrt.

△ *Der Tower des Changi Airport, einem der effizientesten Flughäfen der Welt*

◁ *Vorseite: Schon bei der Anfahrt nach Sentosa fällt das Zauberschloss der Universal Studios* **50** *ins Auge*

Nachdem das Gepäck per Rollband angekommen ist, sind die **Zollschalter** zu passieren. Falls nichts zu verzollen ist (s. S. 131), geht man durch die grün ausgeschilderte Passage. Die Zollbeamten veranstalten gelegentlich Stichproben bei Passagieren, die hier durchgehen.

An den Taxiständen reihen sich die Passagiere in die Warteschlange ein und wenn man dran ist, weist einem ein am Kopf der Schlange postierter Angestellter (mit weißen Handschuhen!) ein **Taxi** zu. Bei Fahrten ab dem Flughafen wird auf den Taxameterpreis ein Zuschlag von 3 S$ erhoben, dazu kommen eventuell noch Sondergebühren (s. S. 130). Fahrzeit in die Innenstadt ca. 20 bis 30 Min., Kostenpunkt im Durchschnitt ca. 10 bis 12 €.

Reist man zu mehreren Personen, so ist ein **Maxi Cab** zu erwägen, das sind weiße Großraumtaxis mit Platz für bis zu 7 Passagiere. Eine Fahrt in die Innenstadt kostet ab ca. 30 € pro Wagen, ggf. kommen Extragebühren hinzu (www.maxicab.sg, Tel. 66892222).

Ansonsten könnte man sehr **preiswert mit der MRT** in die Stadt gelangen (knapp 1,5 €). Man folge den Schildern zur MRT-Station. Dort nehme man einen Zug und steige an der Station Tanah Merah aus. Hier wird in einen Zug Richtung Innenstadt umgestiegen. Fahrzeit bis ins Zentrum insgesamt ca. 30 Min.

Eine weitere preiswerte Möglichkeit ist der **Bus**, zum selben Preis wie die MRT. Vom Untergeschoss in Terminal 2 fährt Bus Nr. 36 in die zentralen Stadtbereiche, z. B. Raffles Ave., Stamford Rd., Orchard Rd., Dhoby Ghaut, Penang Rd., Somerset Rd., Orchard Boulevard. Die Busse enden am Regent Hotel in der Tomlinson Rd. Beachten Sie, dass die Busse in umgekehrter Richtung aufgrund von Einbahnstraßen nicht exakt dieselbe Strecke fahren. Der erste Bus Nr. 36 ab Changi Airport fährt Mo–Fr um 6.10 Uhr, der letzte um 22.54 Uhr, Sa 6.09/22.54 Uhr, So und feiertags 6.08/22.55 Uhr. Weiterhin fährt Bus Nr. 36A, dieser hält jedoch nur an einigen wenigen Haltestellen. Endstation der Route ist ebenfalls das Regent Hotel.

Rückreise

Zum Changi Airport gelangen Sie per Taxi, MRT oder Bus (siehe Anreise). Bei **Taxifahrten zum Flughafen,** wird – anders als bei Fahrten *ab* dem Flughafen – kein Zuschlag erhoben. Zu Hauptverkehrszeiten ist es manchmal nicht leicht ein Taxi zu bekom-

Rückerstattung der Mehrwertsteuer

Touristen können sich die 7-prozentige Mehrwertsteuer *(GST = Goods and Services Tax),* die sie beim Kauf von Waren zahlen, zurückerstatten lassen. Der Mindestkaufwert beträgt 100 S$, die in einem einzigen Geschäft ausgegeben worden sein müssen. Die Käufe werden im Geschäft elektronisch gespeichert (Electronic Tourist Refund Scheme oder eTRS) und gegen Vorlage seines Reisepasses kann man sich im Flughafen sein Geld bar auszahlen lassen (Schalter „GST Refund"). Es wird eine Bearbeitungsgebühr einbehalten. Statt der offiziellen 7 % bleiben so nur 5,5 % übrig. Seit Anfang 2013 wird auch die Mehrwertsteuer auf Waren zurückerstattet, die auf Cruise-Fahrten vom Singapore Cruise Center aus gekauft wurden (Hin- und Rückfahrt).

Transit Hotel
In den Abflughallen aller drei Terminals steht jeweils ein Transit Hotel zur Übernachtung oder zum kurzen Ausruhen zur Verfügung. Geboten werden auch ein Fitnessraum und Swimmingpool. Die Zimmer werden in Blöcken von sechs Std. vermietet, kosten ca. 40 € für Zimmer ohne eigenes Bad, für Zimmer mit Bad *(standard rooms)* zahlt man ab ca. 50 € und jede zusätzliche Stunde wird mit ca. 8 € berechnet.

Am Transit Hotel in Terminal 1, Level 3, befindet sich gar ein Swimmingpool, der im balinesischen Stil angelegt ist. Gäste der Transit Hotels können ihn kostenlos aufsuchen, ansonsten kostet die Benutzung ca. 8 €.

❯ **Ambassador Transit Hotel,** www.harilelahospitality.com, Terminal 1: Tel. 65425538, Fax 65425537, Terminal 2: Tel. 65428121, Fax 65426122, Terminal 3: Tel. 65079788, Fax 62428542

men (16–19 Uhr, besonders Fr und Sa). **Taxis** lassen sich aber auch über die Hotelrezeption buchen. Dabei wird auf den Fahrpreis eine geringe Buchungsgebühr aufgeschlagen. Zu beachten ist allerdings, dass manche Hotels Abmachungen mit Limousinenunternehmen haben, deren Dienste teurer sind als die der normalen Taxis. Zur Sicherheit ist nachzufragen.

Vor dem Abflug ist klarzustellen, von welchem **Terminal** aus die Flüge Ihrer Gesellschaft abfliegen (1, 2 oder oder 3, der Bau von Terminal 4 ist in Planung), damit man dies dem Taxifahrer angeben kann. Die Terminals sind aber auch durch ein (fahrerloses) Zugsystem miteinander verbunden, so gelangt man schnell von einem zum anderen.

Wer mit Singapore Airlines fliegt, kann das Gepäck an den mit „Early Check-In" ausgezeichneten Schaltern jederzeit einchecken.

Nach dem Einchecken folgt die Passkontrolle und dahinter erstreckt sich die **Abflughalle**. Hier finden sich zahlreiche Geschäfte, Wechselbüros, Restaurants, Cafés, ein *food court* mit Küchen von indisch bis europäisch (in Terminal 2) u. v. m. An Computerterminals lässt sich kostenlos im Internet surfen und es stehen kostenlose WLAN-Verbindungen zur Verfügung (ohne Password zugänglich).

In allen drei Terminals ist eine „**Children's Play Area**" angelegt, ein Spielbereich für Kinder, dazu eine „Family Zone" mit Spielmöglichkeiten, Wickelraum und Cartoon-Programmen. In Terminal 3 gibt es einen **Schmetterlingspark** (Butterfly Garde), in dem man 47 Schmetterlingsarten beobachten kann.

Changi Airport gilt als **einer der besten Flughäfen der Welt** und selbst wenn man lange warten muss, so wird der Aufenthalt kaum unangenehm sein.

Automiete

Die öffentlichen Verkehrsmittel sind so gut, dass in Singapur praktisch kaum ein Tourist ein Auto mietet. Anders sieht es vielleicht bei Geschäftsleuten aus. Preise für Kleinwagen ab ca. 45 €/Tag, Benzin kostet knapp 1 €/l. In Singapur herrscht **Linksverkehr.**
❯ **Avis,** www.avis.com.sg
❯ **Hertz,** www.hertz.com
❯ **Car Rental Singapore,** www.rentcarsingapore.com
❯ **Sixt,** http://sg.sixt.com

Barrierefreies Reisen

Singapurs Bürgersteige sind in ausgezeichnetem Zustand, es gibt keine problematischen Hindernisse. Im Flughafen stehen spezielle Toiletten, Aufzüge und Rampen zur Verfügung. Viele MRT-Stationen haben behindertenfreundliche Ein- und Ausgänge (man achte auf das Rollstuhlsymbol auf den Hinweisschildern). Diese Eingänge sind im *Bus Guide* (s. S. 129) auf den Plänen der MRT-Stationen eingezeichnet. Generell ist Singapur weit behindertenfreundlicher als andere Länder der Region. Menschen mit Behinderungen werden von mehreren Organisationen betreut:

❯ Disabled People's Association (DPA), www.dpa.org.sg
❯ Handicapped Welfare Association (HWA), www.hwa.org.sg
❯ Singapore Association of the Visually Handycapped (SAVH), www.savh.org.sg

Diplomatische Vertretungen

● **121** [F6] **Deutsche Botschaft,** 12–00 Singapore Land Tower, 50 Raffles Place, Singapore 448623, Tel. 65336002, www.singapur.diplo.de, Mo–Fr 8.30–12.30 Uhr, außer an Feiertagen, MRT: Raffles Place
● **122** [G3] **Botschaft Österreichs,** 600 North Bridge Rd., 24–04/05, Parkview Sq., Singapore 188788, MRT: Bugis, Tel. 63966350/2, www.advantageaustria. org/sg/, Mo–Fr 9–17.30 Uhr, außer an Feiertagen
● **123 Botschaft der Schweiz,** 1 Swiss Link Club, Singapore 288162, Tel. 64685788, www.eda.admin.ch/singapore, Mo–Fr 9–12 Uhr, außer an Feiertagen

Einreisebestimmungen

Bürger der BRD, Österreichs und der Schweiz benötigen kein Visum und bekommen bei der Einreise per Flugzeug i. d. R. eine Aufenthaltsgenehmigung *(Social Visit Pass)* für 90 Tage. Voraussetzung ist, dass der Reisepass mindestens noch sechs Monate gültig bleibt. Theoretisch schreiben die Regeln vor, dass zudem „genügend finanzielle Mittel zum Aufenthalt in Singapur" und ein Weiter- oder Rückflugticket vorhanden sein müssen. Beides wird jedoch so gut wie nie überprüft.

Seit 2012 benötigen auch Kinder von 0 bis 16 Jahren für eine Auslandsreise einen eigenen Reisepass. Der Eintrag im Pass der Eltern ist nicht länger gültig.

Bei der Einreise über Land oder Wasser werden meist maximal 15 Tage Aufenthalt gewährt.

Der *Social Visit Pass* kann bis zu drei Monate verlängert werden. Anträge können online eingereicht werden: www.ica.gov.sg.

Elektrizität

Es herrscht 220–240 V Wechselstrom, 50 Hertz. Ein Adapter zur **Spannungsumstellung** ist nicht nötig.

Die meisten **Steckdosen** in Singapur sind allerdings 3-polig und die Stecker sind rechteckig. Der obere Pol ist ein Sicherheitspol, der beim Einstecken des Steckers nach hinten weggedrückt wird. In einigen besseren Hotels kann man sich Adapter ausleihen. Ansonsten empfiehlt sich entweder die Mitnahme eines **internationalen Steckeradapters** oder der Kauf eines passenden Verbindungsstücks vor Ort (z. B. für 1–2 € im Mustafa Centre, s. S. 27, erhältlich).

055si Abb.: rk

Fotografieren

Singapur ist eine ungeheuer fotogene Stadt, Fotografen werden ihre helle Freude daran haben. Aufgrund des wechselhaften Wetters empfiehlt es sich, früh aufzustehen. Morgens ist die Regenwahrscheinlichkeit geringer. Das schönste Licht ergibt sich zudem zwischen 8 und 10 Uhr, dann wieder von ca. 17 bis 18 Uhr, sofern der Himmel nicht bedeckt ist. Eventuell benötigtes Fotozubehör ist preiswert in den einschlägigen Fotoläden erhältlich, z. B. bei Cathay Photo und The Camera Workshop (s. S. 31).

△ *Weihnachten American-Style: Fototermin mit „Rudolph, the Red-Nosed Reindeer“*

▷ *Eine indische „Thali“ mit diversen Gemüse-Currys, Chapatis und anderen Köstlichkeiten*

Singapur ist ein für asiatische Verhältnisse relativ teures Pflaster. Der größte einzelne Ausgabeposten dürfte die **Hotelrechnung** *sein. Um hier so preiswert wie möglich davonzukommen, könnte man sich in einem der einschlägigen Budget-Hotel-Ketten einmieten (z. B. Hotel 81 und Fragrance Hotel Elegance, s. S. 122). Erheblich billiger wird es noch, wenn man in einem Schlafsaal unterkommt, z. B. im Footprints Hostel oder im Sleepy Sam's (s. S. 122).*

Was die **Verkehrsmittel** *angeht, so lässt sich getrost auf Taxis verzichten, denn die öffentlichen Verkehrsmittel sind gut und preiswert. Selbst die Fahrt von/zum Flughafen kann mit Bus oder MRT bewerkstelligt werden. Die längste Fahrt mit Bus oder MRT kostet ca. 1,50 €. Wer im Besitz der elektronischen* **ez-link Card** *ist (s. S. 128), erhält noch eine kleine Reduktion auf den Fahrpreis und bei eventuellem Umsteigen wird die zweite Fahrt auch noch ein wenig preiswerter. Abgesehen davon ist Singapur eine ausgesprochen fußgängerfreundliche Stadt.*

Auch das **Essen** *muss nicht teuer sein. Die preiswertesten und zugleich sättigendsten Mahlzeiten bekommt man in den südindischen Restaurants in Little India. Besonders lohnend sind die* **Thalis** *- das sind große Metallteller, auf denen mehrere Gemüse-Currys, Fladenbrote, Reis, Joghurt und weitere Beilagen gereicht werden (vegetarisch). Die Thali-Mahlzeiten sind oft so reichhaltig, dass man einen halben Tag lang satt ist, und kosten ca. 4–7 €. Empfehlenswerte Restaurants sind die Filialen von Komala*

Wenig Geld, viel Singapur: Singapur preiswert erleben

Vilas (s. S. 37), das kleine Suriya Restaurant (s. S. 84) mit Thalis zum Minipreis und das Annalakshmi Restaurant (s. S. 39), wo man so viel oder wenig bezahlen kann, wie einem das Essen wert war.

Ansonsten bieten sich die **Hawker Centres** an, in denen jeweils zahlreiche Stände diverse Küchen präsentieren, ab ca. 3 € pro Teller/kleine Mahlzeit. Die Hawker Centres in den Vorstädten, dem sogenannten „Heartland" von Singapur, sind noch preiswerter als die in den zentralen Bereichen. Es findet sich eines an praktisch jeder MRT-Station oder jedem „Interchange" (kombinierte MRT- und Busstation).

Sowohl in den Hawker Centres als auch in vielen kleinen Eckrestaurants bekommt man **Kaffee und Tee** ebenfalls zu Niedrigstpreisen (ab ca. 80 Cent). In einem der nobleren Kaffeeläden oder bei Starbucks zahlt man hingegen das 8- bis 10-fache. Das **Leitungswasser** in Singapur ist vollkommen trinkbar, man braucht also nicht extra in Flaschen abgefülltes Wasser kaufen.

Auch als **Selbstversorger** ist man gut bedient, denn Singapurs Supermärkte sind gut bestückt und die Waren relativ preiswert. Hier gibt es auch jede Menge westliche Nahrungsmittel. Wer in einem der Hostels mit Küchenbenutzung wohnt, kann sich bestens selbst bekochen.

In den Tempeln der Sikhs, den sogenannten Gurudwaras, wird morgens oft ein **kostenloses (indisch-vegetarisches) Essen** ausgegeben, das „Langar". Das ist Teil der Sikh-Tradition und jedermann, egal welcher Religion, ist willkommen. Eine Liste der Gurudwaras in Singapur findet sich unter www.sikhs.org.sg.

Fazit: Wer in einem Schlafsaal nächtigt (ca. 13 €), sich mit Bus oder MRT fortbewegt (ca. 2 bis 4 €), dazu sich zweimal täglich mit einer Thali-Mahlzeit (4 bis 7 €) satt isst, kommt theoretisch mit ca. 30 € pro Tag aus.

056si Abb.: rk

Geldfragen

Die örtliche Währung ist der Singapur-Dollar (S$, SGD), eine der stabilsten Währungen der Welt. Der Dollar ist in 100 Cents unterteilt. Derzeit (Anfang 2014) beträgt der Wechselkurs

> 1 € = 1,74 S$, 1 S$ = 0,58 €
> 1 CHF = 1,42 S$, 1 S$ = 0,70 CHF

Zwecks Reisekasse kann man **Bargeld, Reiseschecks und/oder Kreditkarte** mitnehmen. Bargeld aller wichtigen Weltwährungen können an Wechselschaltern oder in Banken eingewechselt werden. Ebenso leicht lässt sich ausländisches Bargeld kaufen. Günstige Kurse bieten die Wechselschalter am Mustafa Centre (s. S. 27). Hier kann man auch weniger geläufige Währungen tauschen.

Mit einer Kreditkarte oder EC-Karte sind Abhebungen an zahlreichen Bankautomaten möglich. Man erkundige sich bei der Heimatbank, welche Gebühren bei der Abhebung (z.T. 4–5 €) anfallen.

Selbst mit viel Bargeld in der Tasche kann man sich in Singapur sehr sicher fühlen. Gelegentliche **Taschendiebstähle** kommen jedoch vor, ein vernünftiges Maß an Vorsicht ist also auch hier angebracht.

Einige deutsche Banken statten ihre **Geldkarten** nicht mehr mit der Maestro-, sondern der Bezahlfunktion „V-Pay" aus, bei der statt des Magnetstreifens der Chip gelesen wird. Allerdings kann an Bankautomaten außerhalb der EU mit der V-Pay-Karte kein Geld gezogen werden, da die Automaten die Chips nicht lesen können (www.vpay.de).

▷ *Das Singapore Visitors Centre an der Orchard Road*

Handeln

Um den Preis feilschen kann man in vielen kleineren Läden, egal, ob es um ein Hemd oder eine teure Kamera geht. Dieses gilt vor allem für Geschäfte in touristischen Zonen oder/und für solche, bei denen die Verkäufer die potenziellen Kunden schon draußen vor der Tür anwerben.

Nicht handeln kann man in Supermärkten, Kaufhäusern, Shoppingcentern und vielen anderen Läden mit modernem Geschäftscharakter.

Kontoeinrichtung

Mit seiner sehr stabilen Währung ist Singapur ein **sicherer Ort zur Geldanlage.** Wer in Singapur ein S$-Konto eröffnen möchte, müsste theoretisch im Besitz einer singapurischen Arbeitserlaubnis sein. Umgehen lässt sich diese Regel, wenn ein Kontoinhaber dem Antragsteller für seine Bank ein Empfehlungsschreiben ausstellt. Dazu ist nur ein Formular auszufüllen.

Informationsquellen

Infostellen in der Stadt

124 [ci] Singapore Tourism Board, Tourism Court, 1 Orchard Spring Lane, Singapore 247729, Tel. 0065 67366622, Fax 0065 673669423, Mo–Fr 9–18 Uhr, www.stb.gov.sg. Das Informationsbüro hält jede Menge kostenlose Broschüren bereit und bietet persönliche Beratung. Sehr viele Broschüren kann man auch gleich bei der Ankunft im Changi Airport mitnehmen.

125 [C3] Singapore Visitors Centre @ **Orchard,** Orchard Rd./Ecke Cairnhill Rd., tgl. 9.30–22.30 Uhr, Tel. 1800-

057si Abb.: rk

7362000 (kostenlos innerhalb von Singapur). Hier werden pfundweise Broschüren ausgehändigt und es können auch Touren und Hotels gebucht werden.

❯ Informationen auch unter www.yoursingapore.com

Im Internet

❯ **www.auswaertiges-amt.de** – das Auswärtige Amt Deutschlands mit landesspezifischen Informationen, Visa-, Reise- und gegebenenfalls Sicherheitshinweisen

❯ **www.channelnewsasia.com** – Onlineausgabe des singapurischen TV-Nachrichtensenders Channel News Asia

❯ **www.gov.sg** – Informationen der singapurischen Regierung

❯ **www.ieatishootipost.sg** – des Singapurers liebstes Thema im Internet: alles ums Essen in Singapur

❯ **www.makansutra.com** – Restaurantkritiken, Food-Blog und -Forum, alles auf Singapur bezogen

❯ **www.nl.sg** – Die Nationalbibliothek Singapurs bietet haufenweise Hintergrundartikel, Informationen (infopedia.nl.sg),

ein Fotoarchiv (pictures.nl.sg) mit historischen Ansichten und eNewspapers.

❯ **www.razor.tv** – Videoclips mit Nachrichten aus Singapur

❯ **www.singaporeexpats.com** – englischsprachiges Forum für in Singapur lebende Ausländer oder solche, die es werden wollen

❯ **www.straitstimes.com** – die Onlineausgabe der englischsprachigen singapurischen Tageszeitung Straits Times

❯ **www.timeoutsingapore.com** – das Stadtmagazin TimeOut im Internet, u. a. mit Hinweisen zu Veranstaltungen

❯ **www.tnp.sg** – Onlineausgabe des Boulevardblattes New Paper

Zeitungen und andere Publikationen

❯ **8 Days** – an ein junges Publikum gerichtetes Wochenmagazin: alles über Singapurs TV- und Popstars, dazu Artikel zu Reise, Mode etc.

❯ **New Paper** – Boulevardblatt, leicht zu lesen, gut für eine kurze Fahrt in Bus oder MRT

❯ **Straits Times** – die Zeitung mit dem weltweit höchsten prozentualen Anteil an

Meine Literaturtipps

❯ Brazil, David: **No Money, No Honey,** Angsana Books. Eine Reise durch Singapurs Rotlichtbezirke, den Teil der Stadt, der den meisten Touristen verborgen bleibt.

❯ Cheah Jin Seng: **500 Early Postcards from Singapore,** Editions Didier Millet. Eine Kollektion alter Postkarten, die das alte Singapur wieder zum Leben erwecken und auf denen man so manchen markanten Ort von heute wiedererkennt.

❯ Frost, Mark Ravinder/Balasingamchow, Yu-Mei: **Singapore: A Biography,** Editions Didier Millet. Die Geschichte Singapurs, textlich und optisch sehr gut aufgearbeitet.

❯ Lee Kuan Yew: **From Third World to First,** Harper. Lee Kuan Yew, der Vater des modernen Singapurs, gewährt faszinierende Einblicke darin, mit welch akribischer Planung er Singapur zu einer Weltstadt emporgezogen hat. Ein perfektes Strickmuster für Staatsmänner in Spe.

❯ Liu, Gretchen: **Singapore – A Pictorial History 1819–2000,** Routledge. Singapurs koloniale und moderne Geschichte, untermalt mit wunderbaren alten Fotos.

❯ Malathronas, John: **Singapore Swing,** Summersdale Publishers. Eine locker geschriebene Reiseerzählung, worin der Autor ein weitgehend unbekanntes Singapur vorführt. Der Autor ist homosexuell, was die Sache im schwulen-unfreundlichen Singapur umso pikanter macht.

❯ Smith, Colin: **Singapore Burning,** Penguin. Die japanische Besatzung Singapurs im 2. Weltkrieg war und ist ein traumatisches Ereignis in der kollektiven Psyche des Landes, der Autor beschreibt die Periode in fesselnder Weise.

❯ Yap, Sonny/Lim, Richard/Kam, Leong Wam: **Men in White: The Untold Story of Singapore's Ruling Party,** Marshall Cavendish Trade. Entstehung und Geschichte von Singapurs allbeherrschender People's Action Party (PAP). Lee Kuan Yew ist mit dieser Geschichtsversion nicht ganz einverstanden, was die Sache umso interessanter macht.

Lesern in ihrem Land, sehr umfangreich, professionell und informativ, aber gelegentlich auch manipulierend. Wer zwischen den Zeilen zu lesen vermag, weiß, was die Regierung plant und in welche Richtung sie die Bevölkerung Singapurs zu lenken gedenkt. Die Wochenendausgaben sind voll Annoncen und kiloschwer.

❯ **TimeOut Singapore** – gut gemachtes, monatlich erscheinendes Stadtmagazin mit vielen hilfreichen Tipps (www.timeoutsingapore.com)

❯ **Today** – an MRT-Stationen kostenlos verteilte Postille mit leicht verdaulich präsentierten Nachrichten aus Singapur und dem Rest der Welt

TV

❯ **Channel News Asia** – informativer singapurischer Nachrichtensender mit fähigen Asien-Korrespondenten. Auch über das Internet zugänglich, z.B. über das Portal wwiTV (http://wwitv.com/tv_channels/6797.htm).

Internet

Die Singapurer sind gut vernetzt – so gut, dass Internetcafés nicht allzu häufig anzutreffen sind. Viele Hotels bieten Computerbenutzung, oft gegen eine kleine Gebühr. Zahlreiche **kleine Internetläden** finden sich in und um Dunlop Street und Perak Road in Little India, wo sich eine kleine Backpacker-Szene herangebildet hat. Die Surf-Preise liegen bei etwa 1–3 S$ die Stunde.

Wer mit dem eigenem Laptop unterwegs ist, kann eine der offenen **WLAN-Verbindungen** nutzen. In den zentralen Bereichen gibt es viele, die von irgendwelchen Unternehmen betrieben werden, beispielsweise im Untergeschoss des Paragon Shopping Centre (Orchard Rd.) oder im Funan Centre (s. S. 26).

WLAN-Spots gibts auch in Filialen von 7-Eleven und McDonald's, bei Verzehr (eine Tasse Kaffee tuts auch) kann man sich die Log-in-Daten geben lassen. Zahlreiche Hotels bieten ebenfalls WLAN an, teils kostenlos, teils gebührenpflichtig.

Lokale SIM-Karten fürs Handy (s. S. 118) müssen für die Internetbenutzung freigeschaltet werden. Beim Kauf ist somit gleich anzugeben, dass man auch surfen will.

Kleidung und Ausrüstung

Singapurs feucht-tropisches Klima ist sehr schweißtreibend und wer viel draußen unterwegs ist, wird sich leicht durch zwei oder mehr Hemden oder Blusen pro Tag schwitzen. **Leichte Baumwollkleidung ist zu empfehlen.** Eine Jacke benötigt man in Singa-

pur im Freien zu keiner Jahreszeit. In einigen stark klimatisierten Räumen könnten empfindliche Personen aber durchaus gelegentlich eine Strickjacke zum Überziehen benötigen.

Gegen Singapurs unvorhersehbare **Regenfälle** hilft ein Schirm, der schon für wenige Euro erhältlich ist. Ihn mitzubringen lohnt kaum. Der Schirm kann praktischerweise auch als Sonnenschirm dienen.

Bei klarem Himmel ist ein Sonnenbrand fast garantiert. Zum Schutz empfehlen wir **Sonnenschutzpräparate** mit hohem UV-Schutzfaktor, die günstig in den Supermärkten vor Ort zu erstehen sind.

Maße und Gewichte

Es gelten die bei uns üblichen Einheiten. Bei Flächen wird gelegentlich die Einheit *square foot/feet* (Quadratfuß) benutzt: 1 sq.f. = 0,092903 qm.

Medizinische Versorgung

Die medizinische Versorgung ist ausgezeichnet und steht der in Mitteleuropa nicht nach. Ebenso gut ist es mit der **Sauberkeit** bestellt. Leitungswasser ist problemlos genießbar.

Impfungen sind für Singapur nicht nötig. Die einzige Tropenkrankheit, die etwas vermehrt auftritt, ist das von Moskitos übertragene **Denguefieber**, das in vielen Regionen Asiens im Vormarsch ist. Die Fälle in Singapur ereignen sich eher in den Vororten als in der Innenstadt. Die Regierung von Singapur gibt dazu weitere Informationen im Internet unter www.dengue.gov.sg.

Falls man die Krankenhaus- oder Arztrechnung allerdings selbst bezahlen muss, kann es ziemlich teuer werden. Die Qualität hat eben auch ihren Preis. Hier einige empfehlenswerte Adressen:

⊕**126 Balestier Medical Center,** 221 Balestier Rd., 03–04 ROCCA Balestier, Singapore 329928, Tel. 62588798, www.balestiermedical.com, Konsultationen Mo, Do, Fr 8–13 Uhr und 14–17 Uhr, Di 8.30–12.30 Uhr und 14.30–17 Uhr sowie Mi, Sa 8–13 Uhr

⊕**127** [bi] **Gleneagles Hospital,** A6 Napier Rd., Singapore 258500, Tel. 64737222, www.gleneagles.com.sg

⊕**128** [B2] **Mount Elizabeth Hospital,** 3 Mount Elizabeth Rd., Singapore 228510, www.mountelizabeth.com.sg, Tel. 67372666

⊕**129** [G3] **Raffles Hospital,** 585 North Bridge Rd., Singapore 188770, Tel. 63111111, Notfall Tel. 6311155, www.raffleshospital.com. Eine Außenstelle, Raffles Medical, findet sich in Terminal 3 von Changi Airport (24 Std.).

⊕**130** [B7] **Singapore General Hospital (SGH),** Outram Rd., Tel. 62223322, Singapore 169608, www.sgh.com.sg

⊕**131** [G1] **24-Std.-Apotheke:** Mustafa Centre, Erdgeschoss, Nahe Eingang/Ausgang 3, Syed Alwi Rd., Little India (s. S. 27)

Krankenversicherungen

Die Kosten für eine medizinische Behandlung in Singapur werden von den gesetzlichen Krankenkassen in Europa nicht übernommen. Daher ist eine **private Auslandskrankenversicherung notwendig.** Beim Abschluss der Versicherung ist darauf zu achten, dass ein **Vollschutz ohne Summenbeschränkung** gewährleistet ist sowie im Falle einer schweren Krankheit oder eines größeren Unfalls die

Möglichkeit des **Krankenrücktransports.** Wichtig ist auch, dass sich der Versicherungsschutz über die vorher festgelegte Frist hinaus verlängert, falls man die (geplante) Rückreise nicht antreten kann.

Schweizer sollten bei ihrer Versicherung nachfragen, ob die Auslandsdeckung auch für Singapur gilt. Falls das nicht der Fall sein sollte, kann man sich kostenlos bei Soliswiss (www.soliswiss.ch) über mögliche Krankenversicherer informieren.

Mit Kindern unterwegs

Singapur ist ein hervorragendes Reiseziel für Familien mit Kindern. Die Stadt ist sicher, sauber, grün und die Unterhaltungsmöglichkeiten für Kinder sind vielfältig.

Unbedingt besuchen sollten sie den **Zoo** mit der **Night Safari** ❸❶, den **Jurong Bird Park** ❹❷ und vielleicht das **Science Centre** ❹❸. Oder man besucht das MINT Museum of Toys (s. S. 50). Die Insel Sentosa bietet zahllose Möglichkeiten, die Kinder zu begeistern, z. B. in den **Universal Studios** ❺⓪.

Notfälle

Notruf

❭ **Polizei:** Notruf-Tel. 999
❭ **Krankenwagen:** Notfall-Tel. 995, ansonsten Tel. 1777
❭ **Raffles Hospital** (s. S. 114): Notfall-Tel. 6311155

▷ *Disco für Knirpse: Für Kinder gibt es in Singapur jede Menge Unterhaltungsmöglichkeiten*

Kartenverlust

Bei Verlust deutscher Maestro-, Kre-
dit- und SIM-Karten gilt überwie-
gend die einheitliche **Sperrnummer
0049116116,** im Ausland zusätzlich die Nummer 00493040504050.
Details finden sich im Internet unter
www.sperr-notruf.de. Es empfiehlt
sich, vor der Reise (von einem erhal-
tenen Merkblatt bzw. der Kartenrück-
seite) die individuelle Karten-Sperr-
nummer zu notieren.

Bei **Reiseschecks** ist der Kaufbeleg
mit den Seriennummern der Schecks
aufzubewahren.

Da es für **österreichische und
Schweizer Karten** keine zentrale

Sperrnummer gibt, sollte man sich
nach einer aktuellen Notrufnummer
des Kartenanbieters erkundigen.

Geldüberweisung

In finanziellen Notfällen kann man
sich Geld zu einer Filiale von Western
Union in Singapur überweisen lassen (www.westernunion.com). Viele
Western-Union-Filialen haben auch
an Wochenenden geöffnet. Die Über-
weisungskosten sind zwar nicht uner-
heblich, dafür trifft das Geld aber in
wenigen Stunden ein und kann gegen
Vorlage des Reisepasses und Nennung einer Transaktionsnummer ab-
geholt werden.

Öffnungszeiten

Shoppingcenter sind i. d. R. tgl. von 10 bis 22 Uhr geöffnet, ebenso viele Einzelgeschäfte. Einige öffnen auch schon um 9 Uhr. Manche beginnen dagegen erst um 11 Uhr und haben dann bis in die Nacht geöffnet, vor allem in touristischen Bereichen. Rund um die Uhr geöffnet ist das Riesenkaufhaus Mustafa Centre (s. S. 27).

Banken haben üblicherweise Mo-Fr 9.30–15 Uhr und Sa 9.30–11.30 Uhr geöffnet. Einige Banken haben Zweigstellen mit längeren Öffnungszeiten oder sogar Sonntagsbetrieb.

Post

Singapore Post betreibt einen sehr effizienten Postdienst. Im Zeitalter des Internets ist die Anzahl der Zweigstellen allerdings etwas reduziert worden. Eine komplette **Liste der Zweigstellen** samt Öffnungszeiten findet sich im Internet (www.singpost.com). sg. In jedem der drei Terminals von Changi Airport findet sich eine Filiale, in Terminal 1 und 3 in Form eines mobilen Standes (PoWee = „Post on Wheels").

Die Öffnungszeiten sind i. d. R. Mo-Fr 8.30/9.30–17/18 Uhr, einige Filialen auch länger, Sa 8.30/9.30–13/14 Uhr oder auch länger, im Flughafen 6–24 Uhr. Die Postgebühren liegen erheblich unter denen in Deutschland, der Schweiz oder Österreich.

Schwule und Lesben

Singapur ist in dieser Beziehung eine konservative Gesellschaft und gemäß *Section 377* des singapuri-schen Strafgesetzbuches ist homosexueller Geschlechtsverkehr verboten. Dies ist ein Vermächtnis aus viktorianisch-britischen Zeiten. Ein Gesetz, das Anal- und Oralsex unter Heterosexuellen unter Strafe stellte, wurde erst 2007 aufgehoben. Wie so oft in Singapur besteht zwar ein Verbot, in der Praxis aber wird es selten angewendet.

Singapur strebt danach, eine progressive Weltstadt zu sein, und die Regierung weiß, dass sie obiges Verbot am besten nur auf dem Papier bestehen lässt. Der Stadtbezirk Tanjong Pagar in Chinatown hat die größte Konzentration an Homosexuellentreffs.

⊙132 [dk] **Blackberry Bar** (lesbisch), 44A Tras St., Tel. 62205271, Mo-Sa 19-3 Uhr, MRT: Tanjong Pagar

⊙133 [D7] **Taboo Cafe & Bar**, 65 Neil Rd., Tel. 62256256, www.taboo.sg, Mi/Do 20-2 Uhr, Fr 22-3 Uhr, Sa 22-4 Uhr. MRT: Tanjong Pagar

⊙134 [D7] **Tantric Bar**, 78 Neil Rd., Tel. 64239232, So-Fr 20-2 Uhr, Sa 20-4 Uhr, MRT: Tanjong Pagar

Schwulenfreundliche Hotels

⌂135 [D7] **Hotel 1929**, 50 Keong Saik Rd., Tel. 63471929, Singapore 089154, MRT: Outram Park, Tanjong Pagar, Chinatown, www.hotel1929.com

⌂136 **Singapore Blueroom**, Tiong Bahru Rd., MRT: Redhill, ab ca. 45 €, www.singaporeblueroom.weebly.com

❯ **The Inn at Temple Street** (s. S. 124).

Sicherheit

Singapur ist **einer der sichersten Orte der Welt**, selbst nachts hat man praktisch nichts zu befürchten. Die singapurische Polizei warnt allerdings: *Low* crime doesn't mean no crime („Geringe Kriminalität bedeutet nicht keine Kriminalität") und wie überall sollte man seinen gesunden Menschenverstand bewahren. Die Gesetze sind in Singapur sehr streng, selbst das Tragen eines Messers von mehr als 5 cm Länge ist verboten – es sei denn, man hat es soeben gekauft, besitzt eine Quittung dafür und das Messer ist gut verpackt. Auf der Homepage der Polizei erfährt man gleich, wer wann und warum verhaftet wurde: www.spf.gov.sg.

❯ **Polizei-Notruf:** Tel. 999
❯ **Polizei-Info-Hotline:** Tel. 1800–2550000 (innerhalb Singapurs kostenlos)

Sprache

Singapur besitzt vier offizielle Nationalsprachen, die die ethnische Herkunft der meisten Bürger des Landes widerspiegeln: Englisch, Mandarin (Chinesisch), Malaiisch und Tamil. Die **Hauptkommunikationssprache ist Englisch,** damit kommt man überall durch. Kommunikationsschwierigkeiten ergeben sich gelegentlich bei Hausmädchen in Hotels oder bei Kellnern etc., die frisch aus China eingewandert sind.

Stadttouren

❯ **Duck & Hippo Tours,** Verwaltungsbüro: 1 Raffles Boulevard, 01–00 Suntec Convention Centre, Tower 5 Galleria, Singapore 039593, Tel. 63306077, Hotline 633-TOURS, www.ducktours.com.sg. Zweigstellen in 300 Orchard Rd. (neben dem Singapore Tourism Board) und am Visitor Centre des Singapore Flyer, 30 Raffles Ave., 01–07. Für Bootsfahrten gibt es Kioske am Clarke Quay [D5], am

Singapore River und an der Esplanade [G5] (vor Gluttons' Bay). Duck & Hippo Tours ist eine zuverlässige Gesellschaft mit einem Riesenangebot an verschiedenen Touren zu Lande und zu Wasser, Kultur- und Denkmalreisen sowie Nachttouren. Dazu gibt es Exkursionen mit einem amphibischen Fahrzeug, zur gleichzeitigen Erkundung von Land und Wasser (Fluss). Mit einem der preiswerten 1- oder 2-Tagespässe, kann man an mehreren Touren teilnehmen. Zu- und Umsteigepunkt für alle Tourteilnehmer ist die Hauptstelle im Suntec Convention Centre.

❯ **Guided Walking Tours** (Touren zu Fuß) bietet **The Society of Tourist Guides,** Tel. 63388659, www.societyoftouristguides.org.sg. Im Angebot sind Touren, die sich mit speziellen Themenbereichen und bestimmten Stadtteilen befassen, z. B. Streifzüge durch Little India oder den Bankendistrikt und Chinatown. Teilnahmepreis ca. 10,50 €, Kinder 6 €, Dauer der Touren 2 Std., mindestens 24 Std. im Voraus buchen. Die Führer sind gleich zu Beginn der Tour zu bezahlen.

❯ **Trishaw-Touren** (Touren per Fahrradriksha) durch Chinatown bzw. Little India kosten ab ca. 15–21 € pro Person. Dauer ca. 35 bis 40 Min. Zu buchen bei Singapore Explorer (Tel. 63396833, Chinatown), Alphaland Travel (Tel. 63330381/2, Little India), Pedicab Tours (Tel. 63360500/1, Little India), Trishaw Tours (Tel. 65456311, Little India), Triwheel Tours (Tel. 63369025/6, Little India) und Singapore Explorer (Tel. 63396833, Little India). Ein Stand mit Trishaws findet sich nahe der MRT-Station Bugis am Kreuzpunkt von Queen St. und Albert St. (Trishaw Uncle, Tel. 63377111, www.trishawuncle.com.sg).

❯ **Viator Tours:** u. a. Touren durch das nächtliche Chinatown (insg. 4 Std.), inklusive Trishaw-Fahrt und Essen, www.viator.com/tours/Singapore/Sin-

gapores-Chinatown-Trishaw-Night-Tour/
d18-3695NOCT

❯ **Singapore Airlines** (www.singaporeair.
com) bietet Fluggästen mit längerem
Transitaufenthalt kostenlose zweistün-
dige Stadttouren an (Mindesttransitzeit
5 Std.). Anmeldung am Schalter mit der
Aufschrift „Free Singapore Tour" in Terminal 2 (geöffnet 7 – 15.15 Uhr) und Terminal 3 (geöffnet 7 – 15 Uhr) des Changi
Airport. Abfahrt der Busse um 9, 11, 13,
14 und 16 Uhr.

❯ **Hafenrundfahrten** bieten sich an mit der
„Imperial Cheng Ho", einem Schiff, das
einer prächtigen alten Dschunke nachempfunden ist. Je nach Tageszeit wird
noch High Tea oder Dinner serviert. Die
Fahrten dauern 2,5 Stunden und beginnen am Marina South Pier (New Clifford
Pier). Abfahrt um 10.30, 15 und 18.30

*⌃ Singapur im Schnelldurchgang:
Preiswerte Stadtrundfahrten bieten
einen guten ersten Überblick*

Uhr, kostenlose Abholung jeweils 30
Minuten zuvor an der Bushaltestelle an
der MRT-Station Marina Bay, Abholung
auch von einigen Hotels in der Innenstadt, Preise: Morgenfahrt 17 €, Kinder
9 €, High Tea-Fahrt 20/10,50 €, Dinner-
fahrt 33/18 €.

Telefonieren

Wer im Besitz eines Handys ohne
SIM-Lock ist, kann sich in Singapur
eine lokale Telefonkarte zulegen.
Dazu bieten sich mehrere Telefongesellschaften an: SingTel, M1 und
StarHub. Unter Vorlage des Reisepasses bekommt man in jeder beliebigen Filiale eine solche Prepaid-Kar-
te bzw. in jeder Filiale von 7-Eleven
(meist SingTel oder M1). Die Gebühren der Gesellschaften können variieren, sind meist jedoch sehr niedrig.
In den kleinen Postämtern im Changi
Airport kann man schon gleich nach

der Ankunft eine Telefonkarte kaufen (nur SingTel), Aufladekarten *(Top-Up Cards)* erhält man in den Filialen der betreffenden Gesellschaften oder in den 7-Eleven-Shops.

Wer **preiswert ins Ausland telefonieren** will, kann sich eine internationale Telefonkarte zulegen *(International Calling Card)*. Bei dieser wird zunächst eine Codenummer und anschließend die Nummer des gewünschten Fernsprechteilnehmers gewählt. Die Karten sind in 7-Eleven-Läden oder (in größerer Auswahl) bei Straßenhändlern auf der Orchard Rd. nahe dem CentrePoint erhältlich. Die Karten bieten meist unterschiedliche Tarife für diverse Länder. Man gebe dem Händler an, wohin die Telefonate hauptsächlich geführt werden, dann kann er die günstigste Karte auswählen.

Zum **Telefonieren von öffentlichen Fernsprechern** sind elektronische Telefonkarten notwendig. Auch diese werden von 7-Eleven-Shops oder o. g. Straßenhändlern angeboten. Die Karten gibt es im Wert von 5, 10 oder 20 S$.

Beim **Telefonieren vom Hotelzimmer** wird möglicherweise ein Zuschlag erhoben. Man informiere sich diesbezüglich an der Rezeption. Um den Touristen entgegenzukommen, versucht die singapurische Regierung die Hotels zu einem Verzicht auf diese Aufschläge anzuhalten.

Um von Landverbindungen in Singapur ins Ausland zu telefonieren, wird vor die Landesvorwahl eine 001 gesetzt. Die **Vorwahlnummer für Deutschland** z. B. ist somit 001 49, **für Österreich** 001 43 und **für die Schweiz** 001 41. Danach folgt die Nummer des gewünschten Fernsprechteilnehmers, ggf. ohne die erste Null der Ortsvorwahl. Bei Anrufen per Handy kann statt 001 ein + vorangestellt werden.

Die singapurischen Telefongesellschaften bieten günstige **Budget-Tarife für Auslandsgespräche**, bei denen eine bestimmte Vorwahlnummer voranzustellen ist: z. B. 013 (SingTel, www.singtel.com) und 018 (StarHub, www.starhub.com). Zwecks Details siehe die betreffenden Homepages.

Die **internationale Vorwahl für Singapur** ist +65.

Trinkgeld

Trinkgelder sind nicht üblich. In besseren Restaurants wird auf den Preis eine **10-prozentige Service Charge** aufgeschlagen und damit ist das Thema beendet. Einheimische Gäste nehmen auch kleine Münzen an Wechselgeld wieder mit, wohlwissend, dass die Angestellten ihre *Service Charge* erhalten werden. In ganz einfachen Restaurants gibt es diese nicht und es wird entweder an der Kasse oder bei einem Kellner bezahlt. Trinkgelder sind auch hier kein Muss.

Im Flughafen ist das Annehmen von Trinkgeldern explizit verboten, wenn ein Angestellter dabei erwischt wird, verliert er seinen Job. **Kein Trinkgeld** auch in den Taxis (s. S. 130).

Uhrzeit und Jetlag

Zur mitteleuropäischen Sommerzeit ist Singapur Mitteleuropa **um 6 Std. voraus**, d. h. 12 Uhr MEZ ist 18 Uhr in Singapur. Zur europäischen Winterzeit ist Singapur um 7 Std. voraus. Pro Stunde Zeitverschiebung ist etwa mit einem Tag **Umgewöhnungszeit** zu rechnen.

Unterkunft

Singapur erlebt seit einigen Jahren einen Tourismusboom (zurzeit ca. 14 Mio. Touristen pro Jahr), was sich oft sowohl in vollen Hotels als auch in steigenden Unterkunftspreisen äußert. Zu besonderen Gelegenheiten (große Kongresse, chinesisches Neujahr, Formel-1-Rennen) sind häufig alle Hotels belegt bzw. die **Zimmerpreise steigen stark an.** Besonders betroffen ist die Woche, in der das Formel-1-Rennen stattfindet (gegen Ende September), wenn die Preise oft auf das Doppelte klettern – falls man überhaupt ein Zimmer bekommt. Wer sich zu dieser Zeit in Singapur aufhalten möchte, sollte am besten einige Monate im Voraus buchen. Manche Hotels nehmen in dieser Zeit jedoch keine langfristigen Vorbestellungen an, da sie abwarten wollen, wie die Nachfrage wird und wie viel sie in o. g. Periode auf die Zimmer aufschlagen können. 2013 lag der durchschnittliche Zimmerpreis bei 260 S$, damals ca. 150 €.

Die Zimmerpreise sind für asiatische Verhältnisse auch zu normaleren Zeiten relativ hoch. In der untersten Preisklasse ist mit ca. 50 bis 75 € zu rechnen. Doppelzimmer sind meist nur wenig teurer als Einzelzimmer. Preiswerter kann man nur in einigen Backpacker-Schlafsälen übernachten. Zu den **günstigsten Unterkünften** gehören die zahlreichen Häuser der Ketten Fragrance Hotel (www.fragrancehotel.com), Hotel 81 (www.hotel81.com.sg) sowie Value Hotel (www.valuehotel.com.sg). Die Preise von Hotel 81 liegen je nach Zweigstelle bei ca. 50 bis 60 €, bei Value Hotel bei ca. 60 bis 75 €. Ähnliche Preise wie Value Hotel bieten sowohl die relativ neue Aqueen-Hotel-Kette (www.aqueenhotels.com) als auch die derzeit stark expandierende Kette der Santa Grand Hotels (www.santagrandhotels.com).

Die **Qualität der Zimmer** kann bei den Hotelketten von Zweigstelle zu Zweigstelle sehr unterschiedlich sein. Die Räume sind in der Regel sehr klein, manche haben kein Fenster. Ansonsten sind sie mit Klimaanlage und kleinem Fernseher ausgestattet. Diese Hotels bieten oft auch eine *Transit Rate* an, d. h. Tarife zu Aufenthalten von 2 oder 3 Std., die meist zu „Rotlichtaktivitäten" genutzt werden. Die Häuser besonders von Hotel 81 und Fragrance können aufgrund des „Durchgangsverkehrs" recht laut und unruhig sein, vor allem in den einschlägigen Stadtteilen wie Geylang, Joo Chiat Rd. und Chinatown. An den Wochenenden (Fr/Sa) erhöhen sich die Zimmerpreise bei Hotel 81 aufgrund des Zulaufs von singapurischen Paaren um ca. 6 €. Bei Hotel 81 kostet die Internetbenutzung (WLAN) 6 €/Tag. Die Kette Value

◁ *Ein billig' Bett: Die Budget-Hotels der Kette Hotel 81 finden sich in allen für Touristen interessanten Stadtteilen Singapurs*

Preiskategorien

€	bis 75 €
€€	bis 150 €
€€€	über 150 €

(Preise für Doppelzimmer; die Preise für EZ und DZ unterscheiden sich meist nur geringfügig. In besseren Hotels ist meist ein Frühstück inbegriffen.)

Hotel besitzt bisher nur 3 Häuser. Besonders gut bedient ist man mit dem Value Hotel Thompson, das – ungewöhnlich für ein Hotel in dieser Klasse – einen Swimmingpool hat.

Praktisch alle Hotelzimmer in Singapur verfügen über eine **Klimaanlage,** sodass sich diese Angabe bei den Hotelbeschreibungen erübrigt. Hotels ab der mittleren Preisklasse haben i. d. R. Kühlschrank, Kabel-TV, ein Heißwassergerät für Kaffee oder Tee und manchmal einen Haarfön.

Wer in die **Backpacker-Szene** eintauchen will, begibt sich am besten in die Gegend von Dunlop St./Perak Rd. im Stadtteil Little India. Hier hat sich in den letzten Jahren eine kleine Traveller-Szene entwickelt, mit einigen sehr preiswerten Hostels, Low-Budget-Hotels, Bars, Restaurants und Internetcafés. Betten im Schlafsaal gibt es dort schon für ca. 13 €.

Eine Reihe von günstigen Hotels finden sich auch in der malerischen Joo Chiat Rd. (s. S. 90), so Filialen von Hotel 81, Fragrance u. a.

In der unteren Preisklasse

137 [ei] **Aqueen Hotel Lavender** €, 139 Lavender St., Singapore 338739, MRT: Lavender, Tel. 63957788, 68676867, Fax 63957781, www.aqueenhotels. com. Relativ neues und preiswertes

Hotel, saubere kleine Zimmer mit Breitband- und WLAN-Anschluss, sehr gut für den Preis.

138 [ei] **Asphodel Inn** €, 360 Race Course Rd., Singapore 218702, Tel. 62969298, www.asphoinn.com, MRT: Farrer Park. Sehr einfaches Hotel neben dem Temple of Thousand Lights. Einige Zimmer sind besser (bzw. schlechter) als andere, man sehe sich mehrere Räume an. Ruhige Lage nahe an Little India.

139 [gi] **Betel Box** €, 200 Joo Chiat Rd., Katong, Singapore 427471, Tel. 62477340, www.betelbox.com, ab ca. 13 €. Gemütliche Backpacker-Absteige in zwei renovierten alten Wohnhäusern in der romantischen Joo Chiat Rd. Das Haus organisiert wöchentliche Touren durch diese interessanten und hübschen Stadtbereiche. Betten in Schlafsälen (gemischt oder nur für weibl. Gäste), dazu preiswerte Zimmer (bis 4 Pers.) ab ca. 45 €, Frühstück jeweils inbegriffen. Tgl. 30 Min. kostenloses Internet, kostenlose Benutzung eines Fitnessraums, großer gemeinschaftlicher Bereich, eine Küche und ein Pool-Tisch.

140 [gi] **Champion Hotel** €€, 60 Joo Chiat Rd., Singapore 427726, MRT: Paya Lebar, Tel. 63420988, Fax 63420388, www.championhotel.com.sg. Gutes kleines Boutique-Hotel in der charmanten Joo Chiat Rd. nahe dem Malay Village. Mit TV, Safe und Minibar in den Zimmern, in den teureren auch mit DVD-Player.

141 [F2] **Footprints Hostel** €, 25A Perak Rd., Singapore 208136, MRT: Little India, Tel. 62955134, Fax 62963617, www.footprintshostel.com.sg, Schlafsaalbetten ab ca. 15–23 € (je nach Art des Schlafsaals, "Female Only" ist am teuersten), dazu ein großer Familienraum (bis zu 6 Pers.) zu 70 €, Preise inkl. Frühstück. Kleines Backpacker-Hostel in einer kleinen Seitenstraße in Little India mit nach Geschlechtern getrennten Schlafsälen als auch gemischten, dazu einfache Zimmer ohne eig. Bad, z. T. ohne Fenster. WLAN. An Wochenenden erhöhen sich die Zimmerpreise leicht. Angeschlossen ist der Stagger's Inn Pub.

142 [F2] **Fragrance Hotel Elegance** $^\epsilon$, 63 Dunlop St., Singapore 209391, MRT: Little India, www.fragrancehotel.com. Einfaches, frisch renoviertes Hotel der preisgünstigen Fragrance-Kette im Stadtteil Little India, mit kleinen, aber sauberen und gut ausgestatteten Zimmern ab 50 €.

143 [hi] **Le Peranakan Hotel** $^\epsilon$, 400 East Coast Road, Singapore 428992, www.leperanakanhotel.com, Tel. 66655511, Fax 63454509. Kleines Boutique-Hotel etwas östlich der Joo Chiat Rd. in Katong, mit altmodisch-stilvoll ausgestatteten Zimmern im Peranakan-Stil mit viel sattem Samtrot. Mit kleinem Kühlschrank und WLAN. Die Zimmer fallen alle etwas unterschiedlich aus, manche sind etwas klein, vorher ansehen kann nicht schaden. Die preiswertesten Zimmer haben kein Fenster. Insgesamt jedoch eine gute Wahl in diesem vom Tourismus fast unberührten Stadtteil.

144 [ei] **Madras Hotel Eminence** $^\epsilon$, 407 Jalan Besar, Singapore 209012, MRT: Farrer Park, Lavender, Tel. 63923913, Fax 63923238, www.madrassingapore.com. Gutes Budget-Hotel, saubere, relativ große Zimmer mit TV und DVD-Player,

kostenloses WLAN, Frühstück im Preis inbegriffen. Dies ist eine der besten Budget-Optionen, zu meiden sind allerdings die zur Straße hinaus gelegenen Zimmer sowie die hinten gelegenen Zimmer, die auf 08 enden: Hier wird man möglicherweise durch die Leuchtreklame des Hotels, die durch die Vorhänge scheint, wach gehalten.

145 [F2] **Madras Hotel Tekka** $^\epsilon$, 28–32 Madras St., Singapore 208422, MRT: Little India, Tel. 63927889, Fax 63926188, www.madrassingapore.com. Frühstück im Preis inklusive. Das Schwesterhotel des obigen, in Little India gelegen. Zimmer mit TV und DVD-Player, für den Preis nicht schlecht, aber sie fallen unterschiedlich aus, also besser vorher einen Blick hineinwerfen.

146 [G3] **Sleepy Sam's** $^\epsilon$, 55 Bussorah St., Singapore 199471, www.sleepysams.com, Tel. 92774988, ab ca. 16 €. Backpacker-Hotel in Kampong Glam, dem wunderschön renovierten Stadtteil um die Sultan-Moschee. Preiswerte Betten im Schlafsaal zu 15 €, dazu einfache Zimmer ohne eig. Bad ab ca. 35 €. Internet und Safenutzung.

147 [F3] **South-East Asia Hotel** $^\epsilon$, 190 Waterloo St., Singapore 187965, MRT: Bugis, Tel. 63382394, Fax 63383480, www.seahotel.com.sg. Im Preis ist ein chinesisch-vegetarisches Frühstück enthalten. Älteres Hotel mit relativ großen, Zimmern inkl. TV und Kühlschrank. Kein Luxus, aber für den Preis nicht schlecht.

148 [F2] **The Inn-Crowd Backpackers Hostel** $^\epsilon$, 73 Dunlop St., Singapore 209401, MRT: Little India, Tel. 62969169, www.the-inncrowd.com, Schlafsaalbetten zu ca. 13 €, Zimmer ab ca. 35 €. Einfaches Backpacker-Hostel in Little India mit WLAN, kostenlosem Frühstück und Kochgelegenheit.

149 [F2] **Zenobia Hotel** $^\epsilon$, 40–43 Upper Weld Rd., Little India, MRT: Little India, Tel. 62963882, Fax 62963889, www.

062si Abb.: rk

063si Abb.: rk

Fetter Bauch lässt hoffen: der Lachende Buddha der Waterloo Street

Geht man vom South-East Asia Hotel aus einige Meter weiter die Fußgängerstraße in Richtung Nordost entlang, so sieht man dort die dickbäuchige, bronzene Figur eines Lachenden Buddhas (nahe Ecke Waterloo St./Bencoolen Link). Gläubige Buddhisten beten kurz davor und streichen über seine fetten Bauch. Dadurch erhoffen sie sich Glück – und vielleicht färbt ja auch die gute Laune des Buddhas ab. Eine ähnliche Figur ist in der Sago Street in Chinatown zu finden. Günstigerweise haben die Buddhas auch einen Schlitz im Fettwanst, in den man Geldspenden einwerfen kann.

⌂ Streicheln erlaubt: Der Buddha von der Waterloo Street lacht nur dazu

zenobia.com.sg. Relativ neues Hotel in renoviertem Altbau mitten in Little India. Kleine, teils fensterlose Zimmer ohne eig. Bad und Toilette (Gemeinschaftstoilette), WLAN in der Lobby, kleines Frühstück im Preis inbegriffen. Luxus herrscht hier nicht, aber für die Preislage ist das Zenobia gar nicht übel, dazu gute Lage in Little India.

◁ Der Duft von Lowbudget: Die Hotels der Kette Fragrance, so wie dieses in der Joo Chiat Rd., schonen die Reisekasse

In der mittleren Preisklasse

150 [C5] **Gallery Hotel** €€-€€€, 1 Nanson Rd., Robertson Quay, Singapore 238909, Tel. 68498686, Fax 6836666, www.galleryhotel.com.sg. Hip, cool und funky – Zimmer, als hätte sie Andy Warhol entworfen, vor allem die insgesamt 19 „CYX Boutique-Suiten". Die anderen Zimmer zeichnen sich durch viele helle Farben, weiße Wände und smarte Holzmöbel aus. Mit WLAN, Minibar und Safe.

151 [F1] **Hotel Grand Chancellor** €€, 3 Belilios Rd., Singapore 219924, MRT: Little India, Tel. 62509933, Fax 62936996, www.ghihotels.com. Relativ großes Hotel in Little India, gleich hinter dem Veerama Kaliammam Temple. Günstige Lage, saubere Zimmer mit TV und Safe, kostenpflichtiges WLAN, Frühstück im Preis inbegriffen.

🏨**152** [F3] **Ibis Hotel** €€-€€€, 170 Bencoolen St., Singapore 189657, MRT: Bugis, www.ibishotel.com, Tel. 65932888. Moderne, helle, aber nicht allzu große Zimmer mit TV, Safe und Minikühlschrank, dazu günstige Lage unweit Orchard Rd. und nahe Little India. Kostenloses WLAN. Insgesamt eine gute Wahl, allerdings ändern sich die Preise je nach Nachfrage und können auf über 200 € steigen. Eine elektronische Anzeigentafel vor dem Hotel zeigt den aktuellen Preis (darauf kommen noch *Service Charge* und Steuern). Bei rechtzeitigen Internetbuchungen ergeben sich oft günstigere Konditionen.

🏨**153** [ei] **Kam Leng Hotel** €€, 383 Jalan Besar, Singapore 209001, Tel. 62399399, www.kamleng.com, MRT: Farrer Park, Lavender. Ein chinesisches Hotel aus dem Jahre 1929 samt prächtiger altertümlicher Fassade, das vor einigen Jahren gründlich renoviert wurde. Günstige Lage unweit Little India, Bushaltestelle und 24-Std.-Foodcourt vor der Tür. Die Zimmer (Klimaanlage, TV, Safe, Minikühlschrank, kostenloses WLAN) sind hell und sauber. Die Standard-Zimmer sind sehr klein, z. T. nur 10 qm groß. Lärmempfindliche sollten auf einem Zimmer zur Rückseite bestehen. Ab ca. 85 €.

🏨**154** [D7] **Santa Grand Hotel Lai Chun Yuen** €-€€, 25 Trengganu St., Singapore 058476, Tel. 648389940, MRT: Chinatown. Neues Hotel der Santa-Grand-Kette, mitten in Chinatown gelegen, an der Ostflanke findet sich die „Essensstraße" Smith Street (s. S. 12). Für den niedrigen Preis adäquate, saubere Zimmer mit TV und kostenlosem WLAN, fluktuierende Preise, ab ca. 70 €.

🏨**155** [F3] **Summer View Hotel** €€, 173 Bencoolen St., Singapore 189642, MRT:

Bugis, Tel. 63381122, Fax 63366346, www.summerviewhotelsingapore.com. Kleine, aber moderne und saubere Zimmer mit TV, Kühlschrank und WLAN (kostenpflichtig). Freunde von thailändischem Essen kommen im angeschlossenen sehr preiswerten „D'Lemon 3 Thai Kitchen & Cafe" auf ihre Kosten.

🏨**156** [D7] **The Inn at Temple Street** €€, 36 Temple St., Singapore 058581, MRT: Chinatown, Tel. 62215333, www.theinn. com.sg. Mitten im schönsten, aber auch touristischsten Bereich von Chinatown, Zimmer im Retro-Look, der wunderbar in das Stadtviertel und das Gebäude passt. Die Zimmer haben z. T. keine Fenster oder sind sehr klein, besser erst einen Blick hineinwerfen.

🏨**157** [H1] **V Hotel Lavender** €€, 80 Jellicoe Rd., Singapore 208767, Tel. 63452233, www.vhotel.sg, MRT: Lavender. Ein relativ neues Riesenhotel mit 888 Zimmern, in dem sich eigentlich immer ein Bett finden lassen sollte. Die Lage gleich neben der MRT-Station Lavender hat auch etwas für sich. Die Zimmer sind sauber und gepflegt und verfügen über TV und einen elektronischen Safe, dazu WLAN (kostenpflichtig). Die regulären Zimmer sind allerdings nicht besonders groß. Wer mehr Platz braucht, muss eines der teureren Zimmer wählen. Die Preise fluktuieren je nach Nachfrage, ab ca. 90 €.

🏨**158** [F2] **Village Hotel Albert Court** €€, 180 Albert St., Singapore 189971, MRT: Little India, Tel. 63393939, Fax 69393253, www.stayfareast.com. Charmantes Hotel im Retro-Look, die Südseite überblickt eine Art Hof, um den sich einige Restaurants reihen, die andere eine verkehrsreiche Straße. Jenseits der gegenüberliegenden Straßenseite erstreckt sich Little India. Teilweise kleine Räume, es empfiehlt sich, zuvor einen Blick hineinzuwerfen. Zimmer mit TV, kostenlosem WLAN, Safe, Minibar.

In der hohen Preisklasse

🏨**159** [F7] **Fullerton Bay Hotel** €€€,
80 Collyer Quay, Singapore 049326,
MRT: Raffles Place, Tel. 67338388,
www.fullertonbayhotel.com. Einen Stein-
wurf vom The Fullerton entfernt, direkt
an der Bucht, befindet sich dieser kleine
Ableger. Die schmucken, zur Marina Bay
hinaus gelegenen Zimmern bieten einen
tollen Ausblick auf die Bucht, ebenso der
Swimmingpool auf dem Dach und die
angeschlossene Lantern Bar. Diese ist
wohl eine der besten Orte für einen Drink
am Abend. Im Restaurant Clifford gibt es
sonntags einen großartigen Brunch, bei
dem unbegrenzt Champagner fließt (12–
15 Uhr, ca. 90 €).

🏨**160** [E5] **Grand Plaza Parkroyal** €€€,
10 Coleman St., Singapore 179809,
MRT: City Hall, www.parkroyalhotels.
com. Schöne moderne Zimmer in zent-
raler Lage mit TV, Safe und kostenlosem
WLAN. Die teureren De-luxe-Zimmer bieten gegenüber den normalen Zimmern
kaum einen Vorteil, lediglich die Bäder
sind größer. Ein sehr gutes, reichhaltiges
Frühstücksbüfett ist im Preis inbegriffen.

🏨**161** [bl] **Hard Rock Hotel** €€€, 8 Sen-
tosa Gateway, Sentosa Island, Sin-
gapore 089269, Tel. 65778899,
Fax 65778890, www.hardrockhotel
singapore.com. Hotel der bekannten
Hard-Rock-Kette, nahe dem Kasino des
Resorts World Sentosa gelegen, mit
hippem Rock-Ambiente, einem Café im
Retro-Look, großem Swimmingpool und
Volleyballplatz. Komfortable Zimmer mit
Safe, Minibar, CD- und iPod-Player sowie
WLAN (kostenpflichtig).

🏨**162** [D4] **Hotel Fort Canning** €€€,
11 Canning Walk, Singapore 178881,
Tel. 65596769, www.hfcsingapore.com,
MRT: Dhoby Ghaut. Kann man besser
wohnen als hier? Das Hotel Fort Canning
liegt am Nordrand des Fort Canning Hill
Parks, umgeben von tropischer Vegeta-

tion. Der Park ist ein für Wanderer oder
Jogger ein perfektes Betätigungsfeld. In
Richtung Norden führt ein nur 5-minüti-
ger Fußweg zur noblen Orchard Road –
Kontrastprogramm pur. Zimmer mit allen
Schikanen, inkl. kostenlosem WLAN, die
preiswertesten Zimmer sind allerdings
nicht sehr groß. Es lohnt sich, etwas
mehr für ein „Premier"-Zimmer auszugeben. Ab ca. 180 €.

🏨**163** [C7] **New Majestic Hotel** €€€, 31–37
Bukit Pasoh Rd., Singapore 089845,
MRT: Tanjong Pagar, Chinatown, Fax
65114700, www.newmajestichotel.
com. Stilvolles Boutique-Hotel, eine
Mischung aus Alt und Neu, die Zimmer
sind alle unterschiedlich eingerichtet
und wurden von singapurischen Künstlern entworfen. Dazu kommen die sehr
gute Lage in Chinatown und ein fantasti-
sches chinesisches Restaurant (s. S. 35).

🏨**164** [F4] **Raffles Hotel Singapore** €€€,
1 Beach Rd., Singapore 189673,
MRT: City Hall, www.raffles.com, Tel.
63371886, Fax 63397650. Tiffin Room:
Frühstück 7–10.30 Uhr, Lunch-Büfett
12–14 Uhr, High Tea 15.30–17.30 Uhr,
Dinner-Bufett 19–22 Uhr; Long Bar: So–
Do 11–12.30 Uhr, Fr/Sa 11–1.30 Uhr,
Tel. beide 64121816 (s. S. 76)

🏨**165** [H5] **Ritz Carlton Millenia** €€€,
7 Raffles Ave., Singapore 039799, MRT:
Esplanade, Promenade, Tel. 63378888,
Fax 63380001, www.ritzcarlton.com.
Luxushotel an der Marina Bay, mit allem
Komfort und einigen großartigen Restaurants. Von der Badewanne aus bietet
sich durch ein wabenförmiges Fenster
ein wunderbarer Blick auf die Bucht, den
Merlion und die Skyline der Stadt, zumindest wenn man für die Ostseite gebucht
hat. Bitte bei Buchung angeben, wenn
Zimmer mit Ausblick über die Marina Bay
gewünscht sind, die Preise liegen in diesem Fall bei ca. 300 €.

🏨**166** [F4] **Swissôtel The Stamford** €€€,
2 Stamford Rd., Singapore 178882,

065si Abb.: rk

MRT: City Hall, www.swissotel.com, Tel. 63386565. Weithin sichtbarer Hotelturm in bester Lage, direkt neben einem Shoppingcenter (Raffles City) und praktisch über der U-Bahn-Station City Hall gelegen. Von den oberen Stockwerken des 72 Etagen hohen Turms hat man einen grandiosen Blick auf die Stadt. Die beste Aussicht erhält man von den Zimmern an der Westseite, die den Padang und den CBD überblicken. Zimmer mit allem Komfort ausgestattet.

167 [F6] **The Fullerton Hotel** €€€, 1 Fullerton Sq., Singapore 049178, MRT: Raffles Place, www.fullertonhotel.com, Tel. 67338388. Grandioses Hotel, untergebracht im kolonial-bombastischen Gebäude des alten Hauptpostamtes, gelegen zwischen Singapore River und Merlion. Die mit allem Luxus ausgestatteten Zimmer sind nicht allzu groß, aber unter der Verwendung von viel Stein, Glas und Holz design und entsprechend stilvoll. Gute Aussicht von den höhergelegenen Zimmern, vor allem an der Flussseite gegen Spätnachmittag. Auch wenn

man hier nicht zu wohnen gedenkt, lohnt sich ein Besuch im großartigen Marco Polo Restaurant im 8. Stock, da, wo sich einst ein Leuchtturm befunden hatte. Man erhält einen exzellenten Ausblick und wird mit italienischer und europäischer Gourmetkost verwöhnt.

168 [D7] **The Scarlet** €€€, 33 Erskine Rd., Singapore 069333, MRT: Chinatown, Tanjong Pagar, Tel. 65113333, Fax 65113303, www.thescarlethotel.com. Gelegen in Chinatown, mit schmuck-altbacken, romantisch-verführerisch eingerichteten Zimmern, die auch in einem besseren Chinatown-Bordell aus dem frühen 20. Jh. nicht fehl am Platze gewesen wären. Eine Unterkunft der ganz besonderen Art, aber nicht gerade günstig, zumal die preiswertesten Zimmer sehr klein sind. Es lohnt sich, eines der größeren zu wählen. Das Hotel ist viel-

Das zeitlos schöne Raffles Hotel beherbergte schon unzählige VIPs in seinen Gemäuern

leicht etwas überteuert und nur für Leute geeignet, die nicht sehr aufs Geld achten müssen.

169 The Forest by Wangz €€€, 145A Moulmein Rd., Singapore 308108, Tel. 65003188, www.forestbywangz.com, MRT: Novena. Das Hotel besteht aus modernen, mit allen Schikanen ausgestatteten Apartments, die sich besonders für längere Aufenthalte anbieten. Mit Swimmingpool und Dachterrasse.

170 [cm] The Sentosa Resort & Spa €€€, S Bukit Manis Rd., Sentosa Island, Singapore 099891, Tel. 62750331, www. thesentosa.com. Idyllische, von tropischer Vegetation umgebene und leicht erhöht auf einer Klippe gelegene Anlage auf Sentosa, perfekt zur Entspannung geeignet. Über eine Treppe gelangt man zum ruhigen, fast einsamen Tanjong Beach. Komfortable Zimmer und Villen mit Safe, Kühlschrank, CD- und DVD-Player sowie WLAN (kostenpflichtig, relativ teuer). Außerdem gibts einen Swimmingpool, ein Spa und einen Golfplatz nebenan. Im Garten stolzieren Pfaue einher. Kostenloser Zubringerdienst zur Orchard Rd. (Halt am Paragon Shopping Ctr.) und zur VivoCity Mall (s. S. 29) und der dortigen MRT-Station. Insgesamt äußerst empfehlenswert.

171 [B6] Wangz Hotel €€€, 231 Outram Rd., Singapore 169040, MRT: Outram Park, www.wangzhotel.com, Tel. 65951388. Zimmer irgendwo zwischen modern und traditionell, aber zweifellos gemütlich und sauber, in einem abstrakt wirkenden runden Hotelbau nahe Chinatown. Zimmer mit WLAN und Breitband-Anschluss, IPod-Dockingstation, CD- und DVD-Player. Swimmingpool und Fitnessraum vorhanden.

▷ *Bis hierhin und nicht weiter: Die gelbe Linie vor Moscheen gibt an, wo die Schuhe abzulegen sind*

Verhaltenstipps

Singapurer sind im Allgemeinen relativ „verwestlicht" und weltoffen; viele sind weit gereist. Kulturelle Konflikte oder Reibungen sind somit kaum zu erwarten. Einige Benimmregeln sind beim **Betreten religiöser Stätten** zu befolgen:

An **Hindu-Tempeln** sind die Schuhe vor der Tür auszuziehen. An den Eingängen stehen meist schon eine Menge abgelegte Schuhe, die eigenen kann man einfach dazustellen.

Auch **in Sikh-Tempeln** sind die Schuhe vor der Schwelle zu lassen. Weiterhin muss beim Betreten des Allerheiligsten der Kopf bzw. das Haar bedeckt sein. Üblicherweise werden den Besuchern zu diesem Zweck Schals oder Tücher ausgehändigt.

Bei vielen **Moscheen** müssen die Schuhe oft schon einige Meter vor der Schwelle abgestellt werden. Man beachte die gelben Linien auf dem Boden, die die Grenzmarkierung darstellen. In den meisten Fällen weisen Hinweisschilder noch gesondert auf das Schuhablegen hin. In manchen Moscheen sind einige Bereiche für Nicht-Moslems verboten; siehe eventuelle Beschilderungen.

060si Abb.: rk

Bei **chinesisch-buddhistischen Tempeln** können die Gepflogenheiten von Fall zu Fall variieren. Bei einigen Tempeln kann man die Schuhe in allen Bereichen anbehalten, bei anderen muss man sie in gewissen Bereichen ausziehen. Man folge dem Beispiel der anwesenden einheimischen Besucher.

Verkehrsmittel

MRT

Das **schnellste Verkehrsmittel ist die MRT** (Mass Rapid Transit), die Schnellbahn (www.smrt.com.sg), die bisher vier Linien umfasst (North South Line, East West Line, North East Line, Circle Line). Der Bau einer fünften Linie, der Downtown Line, wurde 2010 begonnen. Das erste Teilstück davon wurde im Dezember 2013 in Betrieb genommen.

In der Innenstadt verläuft die MRT unterirdisch, in den Außenbezirken auf Hochtrassen. Das Streckennetz, zzt. 153,2 km lang, durchzieht das gesamte Stadtgebiet. Viele Stationen befinden sich gleich neben Bushaltestellen, sodass man leicht von einem zum anderen Verkehrsmittel umsteigen kann. Die MRT verkehrt täglich von 5.30 bis 24 Uhr.

Für Kurzzeittouristen bietet sich der **Singapore Tourist Pass** (www.singaporetouristpass.com) an, den man in einigen MRT-Stationen kaufen kann (Changi Airport, Bugis, Orchard, Chinatown, City Hall, Raffles

Place, Ang Mo Kio, HarbourFront). Zum Kauf sind der Reisepass und die Einreisekarte (s. S. 104) vorzulegen. Den Tourist Pass gibt es als 1-Tages-, 2-Tages- und 3-Tages-Ticket, Preis ca. 9,50 und 12 €. Damit kann man Züge der MRT, der LRT und fast alle Busse benutzen (Ausnahme: einige Expressbusse).

Bleibt man länger als 3 Tage, kann man in einer der MRT-Stationen eine **ez-link Card** erwerben. Diese kann um einen beliebigen Wert aufgeladen und in allen MRT-Zügen und Bussen benutzt werden. Falls der Kartenwert aufgebraucht ist, kann die Karte an entsprechenden Schaltern in den MRT-Stationen oder in 7-Eleven-Läden (dort plus 0,50 S$ Servicegebühr) wieder aufgeladen wieder aufgeladen werden. Auf ihr liegt aber eine kleine Grundgebühr, die man bei eventueller Rückgabe der Karte verliert. Die Karten werden jeweils beim Betreten und Verlassen der Station an einen Scanner gehalten, wodurch sich eine elektronische Schranke öffnet.

Ein weiterer Vorteil der EZ-Karten ist der geringere Fahrpreis: Im Vergleich zu den Karten, die man individuell für jede einzelne Fahrt kauft, sind sie etwas billiger. So kostet die Fahrt mit der ez-link Card, je nach Strecke, 0,73–2,21 S$, ansonsten sind es 1,20–2,20 S$ (für April 2014 ist eine Preiserhöhung um 3,2 % vorgesehen). Mit der ez-link-Karte kann auch in den Taxis der Gesellschaft SMRT bezahlt werden.

Beim Wechsel von einer MRT-Linie auf eine andere oder von MRT auf Bus (bzw. umgekehrt) ist bei Benutzung der ez-link Card die zweite Fahrt noch mal ein wenig preiswerter als bei Barbezahlung.

An einigen End- oder Außenstellen der MRT ist die Bahn mit einem klei-

> ▷ *Geschwind und kühl durch Singapur: Die gut klimatisierten, blitzsauberen MRT-Züge sind Singapurs schnellstes Verkehrsmittel*

nen lokalen Sub-Bahnsystem verbunden, der LRT (Light Rail Transit), die einige Vororte bedient. Auch hier gelten dieselben Tickets oder Karten.

Busse

In Singapur fahren **drei verschiedene Busgesellschaften:** SBS, SMRT und TIBS. Die Busse unterscheiden sich ein wenig in der Machart, ansonsten ist es aber gleich, mit welcher Gesellschaft man fährt. Es gibt keine sich überschneidenden Liniennummern: Wer Bus Nr. 147 benötigt, steigt einfach in Nr. 147 ein, ohne darauf zu achten, um welche Busgesellschaft es sich handelt. So gut wie alle Busse haben eine Klimaanlage, die wenigen, die bisher ohne fahren, befinden sich in der Ausrangierphase.

Beim Einsteigen in den Bus wird vorne beim Fahrer bezahlt. Dazu halte man am besten Kleingeld bereit, denn **in den Bussen wird kein Wechselgeld**

herausgegeben. Bei Barzahlung beträgt der Fahrpreis 1,10–2.20 S$ (voraussichtliche Fahrpreiserhöhung um 3,2 % im April 2014). Einfacher und preiswerter ist aber auch hier die ez-link Card (0,73–1,96 S$). Man hält sie einfach beim Betreten des Busses (vorne) und ebenso beim Verlassen des Busses (Mitte) an einen Scanner. Die Fahrpreise staffeln sich je nach Entfernung und sind dieselben wie bei der MRT.

Eine gute Investition ist der **Bus Guide,** der in allen Buchhandlungen und 7-Eleven-Läden für ein paar Dollar erhältlich ist (Mighty Minds Publishers). Darin sind alle Buslinien und ihre Haltestellen verzeichnet, zusätzlich gibts hilfreiche Umgebungskarten der MRT-Stationen.

Die Busse fahren von etwa 5 Uhr bis 24 Uhr, einige auch darüber hinaus. Diese Busse sind durch ein „N" (für *Night*) vor der Liniennummer gekennzeichnet.

Taxis

Es gibt etwa **26.000 Taxis in Singapur**, die unterschiedlichen Gesellschaften gehören (www.taxisingapore.com). Die Wagen halten oft an speziellen Taxihaltepunkten oder *Taxi Stands* (z. B. an Shoppingcentern, Hotels etc.), man kann aber auch per Handzeichen einfach ein Taxi auf der Straße anhalten – sofern kein Halteverbot besteht.

Die Tarife sind günstig, der Anschlagpreis beträgt je nach Taxiunternehmen 3–3,40 S$. Zu beachten ist, dass zu den Hauptstoßzeiten als auch bei Fahrten im CBD **Zuschläge erhoben werden,** die automatisch auf den Grundpreis aufgeschlagen werden. Eine Taxifahrt von eigentlich 5 oder 6 S$ kann so leicht das Doppelte kosten. Von 24 Uhr bis 6 Uhr gilt ein höherer Nachttarif; alle Fahrten werden um 50 % teurer. Dafür entfallen nachts alle o. g. Zuschläge.

In allen Taxis kann man sich eine Quittung ausdrucken lassen. In den meisten ist gegen einen minimalen Aufpreis auch die Bezahlung per Kreditkarte möglich, was manchen Fahrern aber nicht so recht ist, da sie lieber Bares einnehmen. **Trinkgelder** auf den Fahrpreis sind nicht üblich, die Fahrer geben selbst Minimalsummen von 10 oder 20 Cent anstandslos heraus.

› Informationen zum Taxiwesen und den diversen Taxigesellschaften unter www.taxisingapore.com

Fahrten mit der Fahrrad-Riksha oder Trishaw gewähren einen geruhsamen Einblick in die traditionellen alten Stadtteile

Rikschas und Radfahren

An manchen Stellen in touristischen Bereichen stehen **Fahrradrikschas oder Trishaws** für kleine Besichtigungsfahrten zur Verfügung. Die Fahrer, meist alte chinesische Haudegen, sprechen passierende Touristen oft gleich an. Manche fahren einzeln, andere in Pulks. Bei den Einzelfahrern lässt sich meist ein wenig handeln. Als reguläres Verkehrsmittel sind die Trishaws allerdings nicht in Gebrauch.

Singapur ist ein sehr guter Ort zum **Radfahren.** Besonders geeignet sind Parkgebiete wie z. B. der East Coast Park. Bitte beachten: Linksverkehr! Hier einige **Fahrradverleihstationen:**

- ●**172** [hi] **Beach Cabana,** East Coast Park Area C, Tel. 63444773
- ●**173 Our Family Corner,** Car Park E2, East Coast Park, Tel. 64433489
- ●**174** [hj] **Sunview Leisure Centre,** C–1 East Coast Park Service Rd., Tel. 62440335
- › Eine **Liste mit Fahrradverleihern** im gesamten Stadtgebiet findet sich unter www.smbf.com.sg/bikeshop.htm.
- › **Mietpreis** ab ca. 1 €/Std. bei einfachen Fahrrädern, ab ca. 3 €/Std. für Mountainbikes.

Wetter und Reisezeit

Zollbestimmungen

Das singapurische Wetter ist ganze Jahr hindurch **tropisch heiß** bei hoher Luftfeuchtigkeit. Die Tageshöchsttemperaturen liegen meist bei 33–35 °C.

Das Wetter ist ansonsten **sehr wechselhaft**. Sonnenschein und Regen können sich mehrmals täglich abwechseln. Es kann zu jeder Jahreszeit regnen, die **Hauptregenzeit** aber ist von etwa Ende November bis Anfang Januar. Weihnachten, das in Singapur von vielen Menschen gefeiert, zumindest aber durch ausgedehnte Shoppingtouren begangen wird, fällt also in den Monsun. Zu dieser Zeit ist der Himmel oft grau, vorteilhaft sind jedoch die etwas niedrigeren Temperaturen von ca. 30 bis 33 Grad.

Im September oder Oktober hängen häufig **Rauchwolken** über der Stadt, die von Waldbränden aufgrund von Brandrodung in Indonesien herrühren. In manchen Jahren kann man den brennenden Wald förmlich in der Luft riechen. Menschen mit Lungen- oder Herzbeschwerden können die Giftstoffe unter Umständen zu schaffen machen. Die aktuellen Messwerte in Sachen Luftbelastung lassen sich auf der Website www.nea.gov.sg/psi verfolgen.

Es dürfen je ein Liter **Wein**, ein Liter **Bier** und ein Liter **höherprozentige Getränke** pro Person (ab 18 Jahre) zollfrei eingeführt werden. **Tabak** unterliegt generell einer Einfuhrsteuer, es gibt keine Freimenge. Jede einzelne Zigarette muss in Singapur einen Zollstempel tragen. Wird man mit Zigaretten ohne Stempel von der Polizei erwischt, sind etwa 250 € Strafe pro Packung fällig.

Streng verboten sind sämtliche Waffen (darunter auch Klappmesser, echt wirkende Waffenimitationen und Pfeffer-Spray), Munition, pornografisches Material und Drogen. Als Waffe kann theoretisch auch der malaiische *Kris*, eine Art Dolch, gewertet werden, den sich manche Touristen in Malaysia oder Indonesien zulegen. Am besten gibt man ihn daher bei der Zollkontrolle an. Gelegentlich werden Passagiere, die durch den grünen Kanal gehen („Nichts zu verzollen"), dazu aufgefordert, ihr Gepäck durchleuchten zu lassen. Eingecheckte Gepäckstücke werden von Drogenhunden abgeschnüffelt, bevor sie auf dem Rollband erscheinen. Selbst „harmlose" Drogen wie Marihuana sind streng verboten. Auch an Aus-

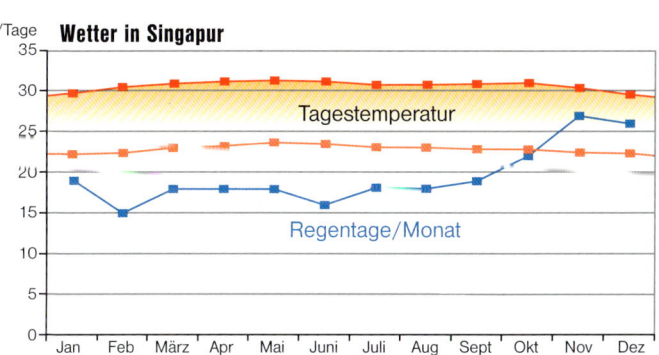

°C/Tage **Wetter in Singapur**

Tagestemperatur

Regentage/Monat

070si Abb.: rk

ländern wurde schon die **Todesstrafe wegen Drogenbesitz** vollstreckt – vor dem singapurischen Gesetz sind alle gleich.

Pflanzen, Tiere und gewisse Nahrungsmittel (z. B. Fleisch, aber auch Kaugummi) unterliegen Einfuhrbeschränkungen. Information bei der Agri-Food & Veterineray Authority of Singapore, www.ava.gov.sg.

Die Behörden sind **sehr sicherheitsbewusst** und bei großen Kongressen, zu anderen wichtigen Anlässen oder bei vermuteter Gefährdung wird gelegentlich schon beim Verlassen des Flugzeuges das Handgepäck geröntgt.

Für Medikamente, die für den eigenen Gebrauch gedacht sind, gibt es gesonderte Bestimmungen, über die die singapurische Gesundheitsbehörde informiert (www.hsa.gov. sg/publish/hsaportal/en/health_ products_regulation/bringing_perso nal_medication.html).

Aktuelle Informationen und weiterführende Links stellen auch das Auswärtige Amt (s. S. 111) und die deutsche Botschaft in Singapur (s. S. 107) zur Verfügung.

> **www.customs.gov.sg** – Homepage der Zollbehörde Singapurs
> **www.ava.gov.sg** – Homepage der Agri-Food & Veterineray Authority of Singapore
> **www.hsa.gov.sg** – Homepage der Gesundheitsbehörde Singapurs

⌂ *Museum zum Mitnehmen: Kuriosa- und Antiquitätenläden, so wie dieser in Little India, sind für Sammler eine wahre Fundgrube*

Anhang

006si Abb.: rk

Kleine Sprachhilfe

Die folgenden Wörter und Redewendungen wurden dem Reisesprachführer „Englisch – Wort für Wort" (Kauderwelsch-Band 64) aus dem REISE KNOW-HOW Verlag entnommen.

Zahlen

1	(wann)	one
2	(tuh)	two
3	(ðrih)	three
4	(fohr)	four
5	(feiw)	five
6	(ßikß)	six
7	(ßäwèn)	seven
8	(äit)	eight
9	(nein)	nine
10	(tänn)	ten
11	(ihläwèn)	eleven
12	(twälw)	twelve
13	(ðörtihn)	thirteen
14	(fohrtihn)	fourteen
15	(fifftihn)	fifteen
16	(ßikßtihn)	sixteen
17	(ßäwèntihn)	seventeen
18	(äitihn)	eighteen
19	(neintihn)	nineteen
20	(twänntih)	twenty
30	(ðörtih)	thirty
40	(fohrtih)	forty
50	(fifftih)	fifty
60	(ßikßtih)	sixty
70	(ßäwèntih)	seventy
80	(äitih)	eighty
90	(neintih)	ninety
100	(hanndrid)	hundred

Die wichtigsten Zeitangaben

yesterday	(jäßtèrdäi)	gestern
today	(tuhdäi)	heute
tomorrow	(tuhmohrrou)	morgen
last week	(lahßt wihk)	letzte Woche
in the morning	(in ðè mohrning)	morgens
in the afternoon	(in ðih_ ahftèrnuhn)	nachmittags
in the evening	(in ðih_ ihwèning)	abends
early	(öhrlih)	früh
late	(läit)	spät
on time	(on teim)	pünktlich
now	(nau)	jetzt
soon	(suhn)	bald
never	(näwwèr)	nie
Monday	(manndäi)	Montag
Tuesday	(tjuusdäi)	Dienstag
Wednesday	(wennsdäi)	Mittwoch
Thursday	(thöösdäi)	Donnerstag
Friday	(fraidäi)	Freitag
Saturday	(ßättedäi)	Sonnabend
Sunday	(ßanndäi)	Sonntag

Die wichtigsten Fragewörter

who?	(huh)	wer?
what?	(wott)	was?
where?	(wäèr)	wo?/wohin?
why?	(wei)	warum?
how?	(hau)	wie?
how much?	(hau matsch)	wie viel? (Menge)
how many?	(hau männih)	wie viele? (Anzahl)
when?	(wänn)	wann?
how long?	(hau long)	wie lange?

Die wichtigsten Richtungsangaben

on the right	(on ðè reit)	rechts
on the left	(on ðè läfft)	links
to the right	(tuh ðè reit)	nach rechts
to the left	(tuh ðè läfft)	nach links
turn right	(törn reit)	rechts abbiegen
turn left	(törn läfft)	links abbiegen
straight on	(ßträjt on)	geradeaus
in front of	(in front_off)	vor
outside	(autseid)	außerhalb
inside	(inseid)	innerhalb
up there	(ap ðäèr)	da oben
down there	(daun ðäèr)	da unten
nearby	(nihrbei)	nah, in der Nähe
far away	(fahr èwäi)	weit weg
round the corner	(raund ðè kohrnèr)	um die Ecke

Die wichtigsten Floskeln und Redewendungen

yes	(jäß)	ja
no	(nou)	nein
thank you	(ðänk_juh)	danke
please	(plihs)	bitte
Good morning!	(gudd mohrning)	Guten Morgen!
Good evening!	(gudd ihwèning)	Guten Abend!
Hello! / Hi!	(hällou/hei)	Hallo!
How are you?	(hau ah juh)	Wie geht es Ihnen/dir?
Fine, thank you.	(fein ðänk_juh)	Danke gut.
Good bye!	(gudd bei)	Auf Wiedersehen!
Have a good day!	(häw_è gudd däi)	Einen schönen Tag!
I don't know.	(ei dount nou)	Ich weiß nicht.
Cheerio!	(tschihrio)	Prost!
The bill, please!	(ðè bill plihs)	Die Rechnung, bitte!
Congratulations!	(kongrätuläischènß)	Glückwunsch!
Excuse me!	(ikßkjuhs mih)	Entschuldigung!
I'm sorry.	(eim ßorrih)	Tut mir leid!
It doesn't matter.	(itt dahsnt mättèr)	Das macht nichts.
What a pity!	(wott_è pittih)	Wie schade!

Die wichtigsten Fragen

Is there a/an ... ?	(is ðäèr è/ènn ...)	Gibt es ...?
Do you have ... ?	(duh juh häw ...)	Haben Sie ...?
Where is/are ... ?	(wäèr is/ah ...)	Wo ist/sind ... ?
Where can I ... ?	(wäèr kähn_ei)	Wo kann ich ... ?
How much is it?	(hau matsch is_itt)	Wie viel kostet das?
What time?	(wott teim)	Um wie viel Uhr?
Can you help me?	(kähn juh hällp mih)	Können Sie mir helfen?
Is there a bus to ... ?	(is ðäèr è_baß tuh ...)	Gibt es einen Bus nach ...?
How are you?	(hau ah juh)	Wie geht es dir/Ihnen?
What's your name?	(wotts juhr näim)	Wie heißt du/heißen Sie?
How old are you?	(hau ould ah juh)	Wie alt bist du/sind Sie?
Where do you come from?	(wär duh juh kamm fromm)	Woher kommen Sie?
Excuse me?	(ikßkjuhs mih)	Wie bitte?

Nichts verstanden? – Weiterlernen!

I don't speak English.	(ei dount spihk in-glisch)	Ich spreche kein Englisch.
Pardon?	(pahdèn?)	Wie bitte?
I don't understand.	(ei dount andèrständ)	Ich habe nicht verstanden.
Do you speak German?	(duh juh spihk dschörmèn?)	Sprechen Sie Deutsch?
How do you say	(hau duh juh säi	Wie heißt das
that in English?	ðät in in-glisch?)	auf Englisch?
What does it mean?	(wott dahs_itt mihn?)	Was bedeutet das?

AusspracheTrainers auf PC oder Smartphone lernen (siehe Umschlag hinten) +++

Der Autor

Rainer Krack (geb. 1952) lebt seit 1986 in Bangkok. Während des Studiums der Indologie verschlug es ihn zunächst nach Indien, wo er begann, Zeitungsartikel und Bücher zu verfassen. Das Schreiben wurde schnell zum Beruf. Mittlerweile hat er weit über ein Dutzend Bücher verfasst, Reiseführer ebenso wie Sprach- und Kulturführer über Thailand, Indien, Nepal, Sri Lanka, Singapur und Malaysia. Er spricht Thai, Hindi und Bengali und bekommt auch „Singlish" (s. S. 64) recht überzeugend hin. Von Bangkok aus bereist er ständig Süd- und Südostasien. In Singapur ist er seit 1990 regelmäßiger Gast – mit bisher über 130 Aufenthalten, der kürzeste zwei Tage, der längste vier Monate.

Schreiben Sie uns

Dieser Band ist gespickt mit Adressen, Preisen, Tipps und Infos. Nur vor Ort kann überprüft werden, ob Preise sich geändert haben, ein Hotel noch empfehlenswert ist usw. Unsere Autoren sind stetig unterwegs und erstellen alle zwei Jahre eine komplette Aktualisierung, aber auf die Mithilfe von Reisenden können sie nicht verzichten.

Darum: Schreiben Sie uns, was sich geändert hat bzw. was besser sein könnte. Wenn sich die Infos direkt auf das Buch beziehen, erleichtert uns die Seitenangabe die Arbeit. Gut verwertbare Infos belohnt der Verlag mit einem Sprachführer Ihrer Wahl aus der Reihe „Kauderwelsch".

Bitte schreiben Sie an: REISE KNOW-How Verlag Peter Rump GmbH, Postfach 140666, D-33626 Bielefeld bzw. info@reise-know-how.de

Singapur mit PC, Smartphone & Co.

QR-Code auf dem Umschlag scannen oder **http:///ct-singapur14.reise-know-how.de** eingeben und die **kostenlose CityTrip-App** aufrufen!

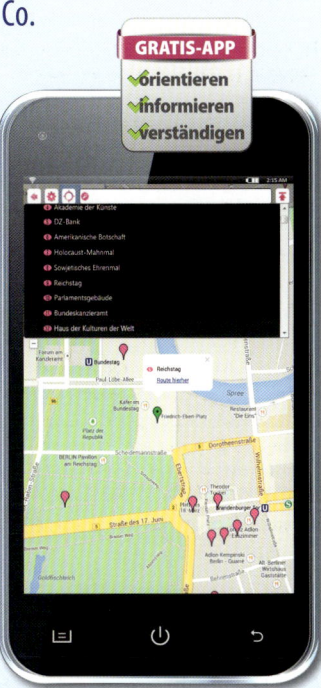

GRATIS-APP
✓ **orientieren**
✓ **informieren**
✓ **verständigen**

★ **Anzeige der Lage und Luftbildansichten aller** beschriebenen Sehenswürdigkeiten und touristisch wichtigen Orte
★ **Routenführung** vom aktuellen Standort zum gewünschten Ziel
★ **Exakter Verlauf** der empfohlenen Stadtspaziergänge
★ **Audiotrainer** der wichtigsten Wörter und Redewendungen
★ **Aktuelle Infos** nach Redaktionsschluss

Weitere **kostenlose Downloads** auf **www.reise-know-how.de** auf der Produkt- seite dieses Titels unter „Datenservice":
★ **Faltplan als PDF mit Geodaten:** Nutzbar auf allen Geräten mit PDF-Reader. Für Smartphones/Tablets empfiehlt sich die App „PDF Maps" von Avenza™ mit einer breiten Funktionspalette.
★ **GPS-Daten aller Ortsmarken:** einfacher Import in GPS-Geräte, Navis und Geo- software auf PCs und mobilen Geräten.

ct-singapur14.reise-know-how.de

Unsere App-Empfehlungen zu Singapur

❭ **MyTransport Singapore:** Die Land Transport Authority Singapore hat diese hilfreiche App rund um den Verkehr in Singapur konzipiert. Sie enthält einen Routenplaner, informiert über die aktuelle Verkehrslage, Taxistände und Bushaltestellen in der Nähe, Fahrradrou- ten u. v. m. (kostenlos für iOS und Android).
❭ **MySentosa:** Die offizielle App der Insel Sentosa enthält aktuelle Informationen zu Veran- staltungen, Attraktionen, Unterkünften, Restaurants, Rabattaktionen und gibt spezielle Empfehlungen für einen Ausflug nach Sentosa. Außerdem sorgt eine integrierte Karte für die richtige Orientierung (kostenlos für iOS und Android).
❭ **iChangi:** Neben allgemeinen Informationen zur Infrastruktur des Singapurer Flughafens (Shops, Restaurants, Services, Transportmöglichkeiten, Hotlines) bietet diese App auch Hinweise auf Veranstaltungen und aktuelle Angaben zu Ankunfts- und Abflugzeiten, Flug- steigen usw. (kostenlos für iOS und Android).
❭ **HungryGoWhere:** Was gibt's wo zu essen und wie bewerten andere Kunden das Restau- rant? Eine App für Foodies und Gourmets (kostenlos für iOS und Android).

Register

Register

Liste der Karteneinträge

Liste der Karteneinträge

Hier nicht aufgeführte Nummern liegen außerhalb der abgebildeten Karten. Ihre Lage kann aber wie bei allen Ortsmarken im Buch mithilfe unserer Kartenansichten unter Google Maps™ gefunden werden (s. S. 137).

Singapur auf einen Blick

8 Botanischer Garten

31 Zoo and Night Safari

42 Jurong Bird Park

NEWTON

ORCHARD

QUEENS-TOWN

TANGLIN

Ayer Rajah Expressway

BUKIT MERAH

Ayer Rajah

Mt Faber Park

Labrador Nature Reserve

Pulau Keppel

Sentosa S. 96